Piccole Principesse

Testi: Bianca Belardinelli
Illustrazioni: Gustavo Mazali
Testi e illustrazioni sono tratti da: *Avventure al castello* (Giunti, 2006), *Il gran ballo d'estate* (Giunti, 2007), *Il torneo di Giglio d'Oro* (Giunti, 2006), *La stella della Regina* (Giunti, 2007).

Progetto grafico: Daniela Rossato
Progetto grafico di copertina: Lisa Amerighi

www.giunti.it

Via Bolognese, 165 - 50139 Firenze - Italia
Piazza Virgilio, 4 - 20123 Milano - Italia
Prima edizione: ottobre 2012

MISTO
Carta da fonti gestite in maniera responsabile
FSC® C016466
FSC www.fsc.org

Stampato presso Lito Terrazzi srl, Stabilimento di Iolo

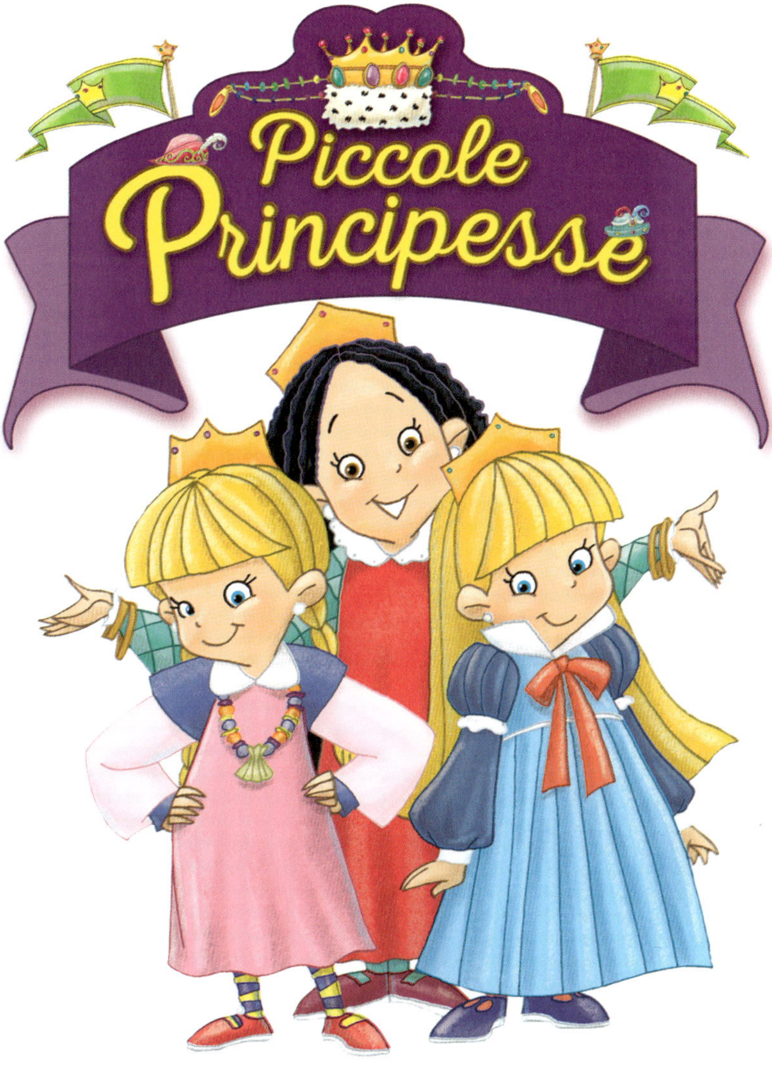

DAMI EDITORE

Ciao, vuoi conoscerci?

Ci chiamiamo Lunetta, Drusilla e Amarilla,
siamo sorelle e viviamo in un castello
con i nostri genitori, il re e la regina.
Ebbene sì, questo vuol dire che siamo
tre piccole principesse...

LUNETTA

È la sorellina più grande, ha 6 anni
ed è una principessa prudente e saggia.
Ha tanti libri e quaderni, perché ama
molto leggere e disegnare.

DRUSILLA

È la principessa più vanitosa
e ha spesso la testa fra le nuvole!
Adora i vestiti, andare sull'altalena
e il vento nei capelli.
Ha 5 anni ed è la gemella di Amarilla.

AMARILLA

È una principessina curiosa, vivace
e sempre pronta a nuove avventure.
Ha 5 anni ed è la gemella di Drusilla.
Quando una cosa la diverte, dice che
è "strabaluccicantilosa".

E ora vi presentiamo...

... tutti gli altri! Chi abita con noi al castello,
come il papà, la mamma e il nostro gatto, e chi no,
come la nostra cuginetta e la sua buffa cagnolina!

IL RE

Nessun regno potrebbe sperare di avere un sovrano migliore di lui: serio, onesto e con un cuore d'oro.
Parole delle sue piccole principesse!
Il suo hobby? Il giardinaggio!

LA REGINA

La mamma delle piccole principesse è elegante e raffinata come deve essere una vera regina, ma è anche dolce e spiritosa. Ama le feste e sorride quando il re fa il brontolone.

IL CIAMBELLANO

L'insegnante delle principesse è sempre serio, ma ha il cuore tenero. Lui non lo sa, ma le bimbe lo chiamano Signor Carota perché, sotto la parrucca, ha i capelli arancioni come le carote!

LA TATA

Si occupa da sempre delle piccole principesse. È allegra, spiritosa e sa cucinare dolci squisiti. Un segreto: il ciambellano ha un debole per lei!

TIMOTEO detto TEO

È un golosone, adora le sue padroncine e le segue dappertutto. Gli piace nascondersi nella tasca del grembiule della tata. Ha solo un difetto: fa un sacco di dispetti!

MALVINA

È la cugina delle piccole principesse e vive in un castello poco lontano. Adora tutto ciò che riguarda la bellezza e la moda e per questo va d'accordissimo con Drusilla.

PICCI

L'inseparabile cagnolina di Malvina è in tutto e per tutto come lei: piena di fiocchetti e pettini. Ma Picci ha anche una grande passione che si chiama Timoteo…

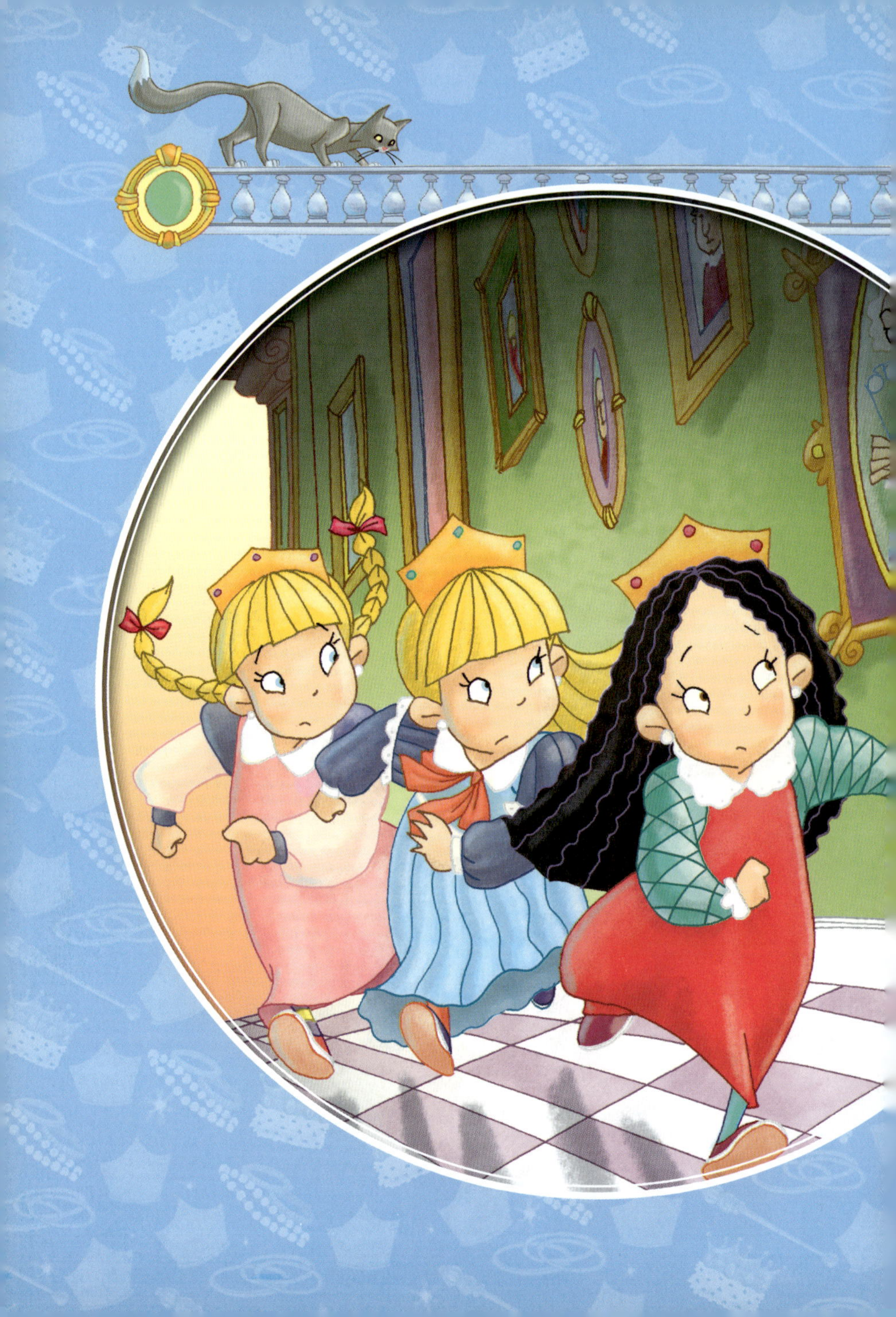

Avventure al castello

Le piccole principesse

Oggi è una bellissima giornata di sole.
Dalla cameretta al secondo piano del castello provengono delle voci.
– C'erano una volta, in un castello pieno di torri, tre piccole principesse brutte e antipatiche. Anche le streghe fuggivano via appena le vedevano...
– Ma io non sono brutta! – esclama Drusilla, guardandosi immediatamente allo specchio.
– Non è vero, tata, non siamo antipatiche... – ribatte Amarilla.
– Uff, ci stai prendendo in giro! Lo fai apposta! – protesta Lunetta, abbracciando la tonda e morbida tata.

– Va bene, era solo uno scherzo! Su, bambine mie, è ora di prepararsi.
Così come ogni mattina, dopo colazione, le piccole principesse si vestono allegramente.
E il loro micio Timoteo che cosa fa?
Quel birbante approfitta del fatto che la tata sta chiudendo i bottoncini del vestito di Amarilla, per sporgersi dalla tasca del grembiule e curiosare con le zampette nel cestino da cucito... Tanto sa bene che nessuno baderà a lui, visto che Drusilla è concentrata a tirarsi su i calzerotti e Lunetta, con calma, si pettina i bei capelli neri.

Ma non si pungerà con qualche spillo? Niente paura... Lui è un gatto temerario!
All'improvviso si sente bussare alla porta.
– Oh, no! Non sarà già lui?!
– Chi, il signor Carota?
– Bambine, che modi sono questi? – le riprende la tata.
– Ma non è colpa nostra se i suoi capelli sono arancioni come le carote!

– Sì, sì, è vero... – interviene Lunetta. – Una volta si è tolto la parrucca e noi per caso li abbiamo visti.
– Allora siete pronte, principessine? – chiede con voce seria il ciambellano di corte entrando e facendo un bell'inchino. Ma si inchina così tanto che... sbatte la testa contro il pavimento!

Lunetta, Drusilla e la sua gemellina Amarilla scoppiano a ridere, e così di cuore che non riescono proprio più a smettere.
Che buffo! Anche alla tata viene da ridere ma, per non essere sfacciata (altrimenti il signor Carota si offenderebbe!), nasconde il viso dietro al grembiule.
Il ciambellano si ricompone in un batter d'occhio: il suo ruolo di responsabilità nell'educazione delle piccole principesse non gli permette certo di fare queste figuracce!
"Ops! Per mille corone e mantelli, mi sa che uscirà un bernoccolo gigante..." pensa, mentre si sistema la parrucca.
– Se siete pronte, oggi iniziamo con la lezione di Storia.
Il ciambellano conduce le bambine nella sala del trono, che è la più importante di tutto il castello. Qui da secoli e secoli la famiglia reale celebra gli avvenimenti

ufficiali e qui sono esposti i ritratti dei re e delle regine.

– Di fronte a voi, ecco Ermengardo Leonide Gianpierfilippo Carlotto VIII, sovrano di grande intelligenza e...

– Come mai ha i piedi così piccoli?

– Principessina Amarilla, Ermengardo Leonide Gianpierfilippo Carlotto VIII non può avere i piedi piccoli: lui è un re!

– Lei dice, ciambellano? A me paiono davvero tanto piccoli... Non è vero, Lunetta?

– Direi proprio di sì! E poi, guarda com'è grande la testa!

– E allora come faceva a camminare senza cadere? – chiede Amarilla sempre più curiosa.

– Forse i servitori lo trasportavano con un trono-carrucola! – le risponde Lunetta.

Questa sì che è una notizia interessante! Amarilla adora le cose strane: – Signor ciambellano, nel nostro castello c'è veramente un trono-carrucola? Lo possiamo vedere?

– Principesse, per favore! Basta con queste interruzioni inopportune. Dunque, a che punto ero rimasto? Ah sì, stavo spiegando che...

E il ciambellano ricomincia con tutto un noiosissimo discorso sul cerimoniale di corte in occasione delle incoronazioni delle regine.

Parla, parla e parla... tanto che Drusilla si distrae. Così, invece di ascoltare la lezione, la piccola principessa si sistema

il vestitino, rifà il fiocco e si mette a guardare Timoteo.
Infatti il micio, che come al solito segue le sue padroncine ovunque, ha trovato un bel tappetino ricamato e ci si è infilato sotto.
Mentre il signor Carota parla, lui avanza tutto impettito lungo il salone con il suo prezioso "mantello" e sogna di essere Re Gatto Timoteo I appena tornato da una pericolosissima avventura e di essere accolto dai suoi sudditi in festa.
"Oh, Teo, sei davvero buffissimo!" pensa Drusilla divertita.

Incontri... strani!

Il castello è molto grande e ci sono tantissime stanze. Grandi, piccole, quadrate e rotonde, con tappeti, specchi e mobili. Mentre le attraversano, il ciambellano ricorda alle principessine che le sale rosse sono per gli ambasciatori, mentre in quelle azzurre e blu vi si tengono i banchetti e i ricevimenti.

– Eccoci arrivati alla galleria dei ritratti. Qui, come ben sapete, sono appesi i quadri dei vostri gloriosi antenati. E, se mi permettete, – aggiunge, con tono orgoglioso – vi mostro anche il quadro di Astolfo de Carotenis che, pensate, fu il primo

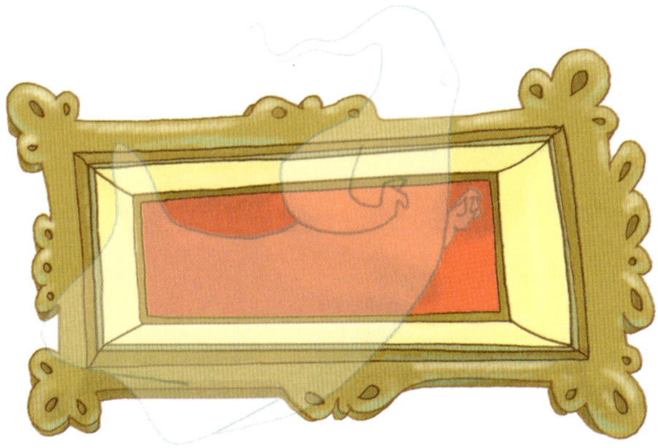

ciambellano del castello e mio lontanissimo bis bis bis zio.

All'improvviso però... un vento gelido soffia per tutta la galleria.

Drusilla si volta stupita: – E quel quadro di chi è?

Il ciambellano questa volta non sa proprio cosa dire ed è molto scocciato. – Oh, non è nulla, non è nulla, andiamo avanti!

– Come "non è nulla"? È la mia cornice! – esclama all'improvviso una voce così terribile da far venire i brividi. Che gran spavento si prendono tutti quanti!!!

– Chi ha parlato? – chiede Lunetta tremante.

– Chi? Io, il fantasma del castello! Piacere di conoscervi, mie carissime pro pro pro pro pro nipoti.
"Che gran novità strabaluccicantilosa è questa!" pensa Amarilla piena di curiosità. – Un fantasma, dici?! E come sei fatto? – chiede emozionata.
– Ma ce l'hai la corona? E come sei vestito? – lo interroga Drusilla, che ci tiene a sapere se anche i fantasmi vestono eleganti.
– Ma sono un fantasma serio, io! Un vero fantasma invisibile, non come quei ciarlatani che vagano per i castelli nelle notti di luna piena, con indosso un lenzuolo bianco e facendo "BUUU BUUUUUU".
Il ciambellano, scocciato che la sua lezione sia stata interrotta e per di più da quel fantasma così maleducato, richiama le principesse: – Presto, bambine, seguitemi in biblioteca!

– Oh, finalmente una buona idea, caro il mio ciambellano! Accomodatevi pure in biblioteca – sibila la voce. – Sono lieto di ospitarvi nella mia stanza preferita.
E SVUMP! Con un gran soffio di vento spalanca la porta alle spalle delle piccole principesse che entrano tutte contente, seguite dal signor Carota, che invece non lo è affatto.

– Perché sei uscito dal quadro? – chiede Lunetta al fantasma.
– Be', mia cara, perché mi annoiavo moltissimo a stare sempre lì immobile.
– E ora noi come facciamo a conoscerti?

Il fantasma inizia a ridere, pensando ai piccoli dispetti che sta per fare.
Un grosso librone vola con tutte le pagine all'aria!

Teo, steso a pancia in giù sul mappamondo che gira veloce come una trottola, si tiene stretto per non cadere. Mentre la parrucca del ciambellano galleggia per aria... "Oooh, per mille corone e mantelli, che vergogna!" pensa mentre cerca di riprenderla.

– Sei davvero un gran dispettoso! Non ci si comporta così – Drusilla è arrabbiata e rimprovera il fantasma.

– Va bene, ora smetto – e, così dicendo, sposta la libreria.

– Guardate! – grida Amarilla. – Nel castello ci sono dei passaggi segreti!

– Vi proibisco di andare lì dentro! – interviene il ciambellano con voce autoritaria.

– Non voglio che vi avventuriate dove non dovete: potreste farvi male.

– Uff, sei noioso proprio come il tuo bis bis bis zio Astolfo de Carotenis. E va bene, mi spiace per

voi, mie care principesse, sarà per la prossima volta...
E così il fantasma svanisce di colpo.
Sbuffando, Amarilla guarda Lunetta, che invece tira un sospiro di sollievo.
Drusilla e il micio Timoteo sono delusi: volevano andare a vedere.
Per fortuna l'orologio della torre grande suona per quattro volte: TOC TIC TIC TOC.
– Signor ciambellano, è l'ora della merenda! – esclamano in coro le tre sorelline.
– Oh sì, è vero! Con tutta questa confusione me ne sono scordato – e, con un gesto della mano, dà loro il permesso di raggiungere la tata. – Senza correre, mi raccomando!
Ma le piccole principesse, appena uscite dalla porta, si precipitano per il corridoio, scendono le scale e arrivano in cucina.

Un mistero... da scoprire

Lunetta si ferma di colpo, Amarilla le va a sbattere contro e Drusilla, che era intenta a sistemarsi il vestito, inciampa su Timoteo. Oggi è una giornata davvero piena di stranezze!

Davanti a loro, il cuoco di corte, Monsieur Brisé, sta rientrando in cucina, scavalcando la finestra che dà sul giardino. Un modo strampalato, ma... veloce!

– Ops, bisogna che mi metta un po' a dieta. Una volta ero più agile...

– A me sembra che lei stia benissimo – lo rassicura prontamente Drusilla.

– Grazie cara, sei proprio un tesoro. Meno male che l'orologio ha suonato, mi stavo dimenticando nel forno i miei dolcetti ai mirtilli!

Nel salottino la tata ha apparecchiato una bella tavola con piattini e tazzine.

– Bambine, finalmente! La cioccolata calda è già pronta.

– Ciao, tata, sapessi che avventura! – dice Drusilla.

– Sai che abbiamo visto un fantasma... – inizia a raccontare Amarilla, agitandosi sulla sedia.

– Be', non proprio visto visto – la corregge Lunetta, che ci tiene a descrivere con esattezza.

– Sei sempre la solita precisina – ribatte Amarilla, facendole una faccia storta.

– Bambine, non litigate.
– E lo sai, tata, che anche il povero Teo si è un pochino spaventato? – aggiunge Drusilla.
A vederlo saltellare come un canguro verso il piatto con i pasticcini, non si direbbe davvero!

Il cuoco porta in tavola i dolcetti appena tolti dal forno e intanto cerca di sfuggire al micio che, da golosone, lo insegue dappertutto.
– Timoteo, smettila subito! – lo sgrida la tata.
– Oh, non vi preoccupate, cara. Mi riempie di gioia quando la mia cucina è apprezzata!
Il gatto, miagolando e facendo le fusa per farsi coccolare, pensa: "Quante cose buone ci sono, proprio da leccarsi i baffi!".
E lo pensano anche le principesse!

La tata ha preparato perfino la crostata di fragole, quella preferita dal ciambellano. Come sarà contento il signor Carota! Un piccolo premio per questa giornata così faticosa, tra le bambine poco attente e i dispetti del fantasma. La tata ha sempre delle idee eccezionali!

– Bene, se mi permettete, io ritorno in cucina. Devo terminare la macedonia per questa sera – e, salutando con un sorriso, Monsieur Brisé esce dal salottino.

– Possiamo andare anche noi a giocare ora? – chiedono in fretta le piccole principesse.

– Certo – risponde la tata dolcemente.

– Ma prima andate a cambiarvi i vestiti e mettetevi qualcosa di adatto per stare in giardino.

Drusilla adora andare in altalena e cantare. Qualche volta la sua altalena va

così in alto, così in alto che le sembra di toccare le nuvole con le mani!
A Lunetta invece piace dipingere, colorare e ritagliare cartoncini e stoffe per fare il collage. La sua specialità? I bigliettini d'auguri per le sue cuginette.
Amarilla non sta mai ferma quando è nel castello, figurarsi all'aperto! Gioca con la palla e corre in lungo e in largo inseguendo scoiattoli, uccellini e soprattutto quel birbante di Teo.
– Ehi, sorelline! Guardate qui che cosa ho trovato! – grida Amarilla da dietro a un cespuglio.

Drusilla e Lunetta corrono subito a vedere.

Certamente si tratta di qualcosa di speciale! Altrimenti perché la sorellina avrebbe dovuto urlare così forte? Forse è un tesoro segreto o un mostro o una fata che si è persa e loro la devono aiutare...

Nascosta tra edere e arbusti, nel muro del castello, c'è una grande pietra. Ma non è una pietra qualunque: raffigura un cavaliere a cavallo, con la lancia e lo scudo. Davanti a lui c'è un'altra figura.

– Che cos'è, secondo voi? – chiede Drusilla.

– Non lo so, mi sembra che ci siano delle zampe, ma non sono sicura – le risponde Lunetta andando più vicino.

– Che peccato, la pietra è rotta proprio nell'angolo – dice Amarilla, indicando con il dito.

– Perché non chiediamo al signor Carota di che cosa si tratta? – suggerisce Lunetta.
– È vero! Lui di certo lo sa: conosce tutti i segreti del castello.
Senza aspettare un minuto di più, le piccole principesse, seguite dall'inseparabile Timoteo, vanno a cercare il ciambellano.
Quale mistero misterioso nasconde l'immagine del cavaliere a cavallo? E che cos'è quell'altra figura: un animale, un mostro, una creatura del bosco o la vittima di un incantesimo?

Nei sotterranei del castello

Le tre sorelline trovano il ciambellano nel cortile del castello e subito lo tempestano di domande.

Il signor Carota alza gli occhi al cielo: “Per mille corone e mantelli! Che giornata, oggi...” pensa sconsolato. Tuttavia, siccome non sa dire di no:

– Certo che conosco la storia del cavaliere! – e, così dicendo, fa segno alle guardie di andare da lui.

– Eccoci, signor ciambellano, stiamo arrivando!

– Non mi spingere, mi fai cadere!

– Non ti sto spingendo, sei tu che sei lento...

Le guardie del castello arrivano di corsa portando un mazzo pieno di chiavi di tutte le dimensioni.

– Bene, ora possiamo andare.

– Dove? – chiede Lunetta.

Ma dove stanno andando?

Le piccole principesse seguono il ciambellano e le guardie attraverso un piccolo ponte levatoio e un cortile, poi entrano in una torre del castello dove non sono mai state, ma invece di salire… scendono nei sotterranei. Quanti gradini per arrivare fin lì!

– Sono stanchissima – protesta Drusilla che, tra le tre sorelline, è la più pigra.

– Non vorrai sederti e sporcarti il vestito! – le fa notare la sua gemella Amarilla, prendendola in giro.

Intanto, una delle guardie cerca la chiave giusta per aprire un grande portone di legno.

– Signor ciambellano, ma nel castello ci sono dei prigionieri? – chiede Lunetta preoccupata.

– No di certo!

– Allora c'è un enorme mostro crudele e pericoloso... – e Amarilla già s'immagina un essere pelosissimo contro cui lottare.

– Nulla di tutto questo, ma chi abita queste stanze non gradisce affatto essere disturbato. E così solo poche, anzi pochissime persone hanno il permesso di entrare.

– E noi lo abbiamo, vero? – chiede Drusilla.

– Oh certo, voi siete le principesse!

CRIIIK! Il portone si apre cigolando.
"Ma chi potrà mai stare in un posto così polveroso?" pensa Lunetta entrando.
– Per tutte le armature scintillanti! Abbiamo visite – borbotta una voce.
Le piccole principesse rimangono a bocca aperta per lo stupore: di fronte a loro c'è il cavaliere della pietra! Con tanto di scudo e di lancia...

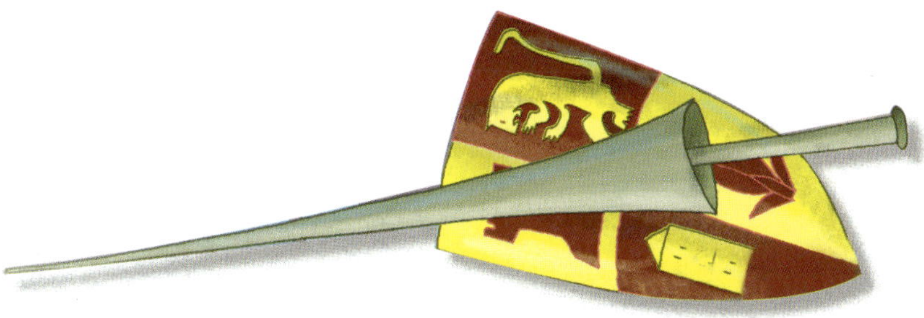

Ed ecco che cos'era l'altra figura misteriosa della pietra trovata in giardino: un vero drago! Un drago sputafuoco è sempre un drago e averne uno nel castello non è una favola?
– Ma è strabaluccicantiloso! – esclama Amarilla, che non crede ai propri occhi.
Drusilla guarda il cavaliere: a dir la verità, ha

sempre immaginato che i cavalieri fossero ben diversi! Sì, insomma, scattanti, coraggiosi, impegnati a salvare giovani principesse e invece...

Eccoli lì, lui e il drago seduti a giocare a scacchi nei sotterranei di un antico castello!
Amarilla è incantata e fissa il suo nuovo amico

drago, mentre Drusilla interroga il cavaliere, che sta muovendo una pedina.
Lunetta invece è stata "catturata" dalle ragnatele che le si sono impigliate nei capelli: liberarla sì che sarebbe un'impresa per un eroe!
– Mi scusi, signor cavaliere, – domanda timidamente Drusilla – io pensavo che tra i suoi compiti ci fosse quello di...
– Che cosa, per esempio salvare un villaggio da un mostro a tre teste?
– Be', nei nostri libri di fiabe c'è scritto... – interviene Lunetta.
– E io l'ho fatto!

– Davvero? E ha attraversato terre misteriose e piene di paludi? – lo interroga Amarilla.
– Certo, per liberare la figlia bellissima del re da un terribile incantesimo fatto da una strega – risponde il cavaliere.
– E poi ho scalato una torre di ghiaccio per recuperare una chiave magica rubata a un mago. Ho combattuto contro... – a questo punto non smetterebbe più di raccontare le sue mirabolanti e coraggiose imprese!
Ma il drago? Che cosa ci fa lì? Com'è arrivato? Quando si sono conosciuti? Le principesse vogliono sapere tutti i particolari: questa novità del loro castello è straordinaria!
– Ci siamo conosciuti grazie a una principessa, naturalmente! – risponde il drago. – Io ero un po' stanco di fare sempre la parte del cattivone che sputa fuoco e spaventa tutti. E il cavaliere

era un po' stufo d'incontrare fanciulle che non vogliono giocare a scacchi, ma solo ballare. Così, diventati amici, ci siamo ritirati in queste stanze accolti dal vostro antenato, il re Ermengardo Leonide Gianpierfilippo Carlotto VIII.

– Ehi, vi piacerebbe venire a fare una passeggiata volante con me? – propone a un tratto il drago. – Voi mi siete proprio simpatiche.

– Oh sì, sarebbe meravigliosissimo! – esclamano in coro le tre sorelline, battendo le mani.

– Che incoscienza! – protesta il ciambellano, per nulla d'accordo con questa follia. Ma non fa a tempo a finire la frase che loro sono già partite!

Eccole! In groppa al drago, le piccole principesse vivono l'indimenticabile emozione di volare.

Lunetta in realtà è un po' preoccupata: lei non è coraggiosa come Amarilla, che

invece guarda di qua e di là, contentissima di questa nuova avventura.
Drusilla ha paura di perdere la coroncina: sarebbe un peccato, perché è la sua preferita...
Che incanto vedere tutto dall'alto!
Gli alberi della foresta, le colline, il ponte, le case del villaggio e poi il castello: da così in alto tutto sembra piccolo piccolo. Il drago vola fino al fiume dietro la grande montagna.
"Sembra il paese degli gnomi" pensa Lunetta, che ha già delle idee per dei disegni da fare sul suo album di fogli colorati.
Mentre Drusilla, toccando con la manina una nube, pensa: "È più bello che andare sull'altalena!".
Il drago fa una piroetta: – Allora, principessine, vi piace volare con me?
– Oh sì, ci piace tantissimo. Possiamo farlo altre volte? – chiede Amarilla

abbracciando forte il suo nuovo amico, grandissimo e tenero.
– Certo, e alla prossima gita portiamo con noi anche il cavaliere.
– Avete visto? Laggiù! – indica Amarilla.
– Dove? – chiede Lunetta che aveva chiuso gli occhi per lo spavento.

La tata è affacciata alla finestra della torre piccola e le osserva. – Bambine mie, mi raccomando, state attente! – urla salutandole.

Una notte per sognare

Si è fatto tardi e il sole pian piano si prepara a lasciare il suo posto alla luna. Anche l'aria è più fresca. Il drago ritorna verso il castello e fa scendere le piccole principesse nel cortile.
– Allora, alla prossima! – e vola via, per ritornare nei sotterranei dal suo amico cavaliere.
La tata è lì che le aspetta, ancora un po' agitata; appena la vedono, le bambine le corrono incontro. Timoteo si è nascosto nella tasca del grembiule. "Io di quel coso gigante sputafuoco non mi fido" pensa. "E se per caso si sbaglia e parlando fa uscire delle fiamme e mi brucia la coda?".

– Sono stata un po' in pensiero, ma so che vi siete divertite. Quante ragnatele, andate a lavarvi!
Rientrate nel castello, per andare verso la loro stanza, le piccole principesse attraversano ancora una volta la galleria dei ritratti, quella della cornice vuota. Mentre passano davanti a un quadro, una voce le rimprovera: – Non vorrete certo presentarvi in questo stato deplorevole ai miei ospiti stasera!
– O no no no. Certo che no! – risponde pronta Drusilla. Lei certe figuracce non le fa. I suoi vestiti sono sempre belli e in ordine. Be', in questo momento forse non proprio in ordine, ma belli sì! In ogni caso, anche questa è una stravagante novità! Le tre sorelline si guardano stupite.

Dal quadro appeso alla parete spunta una signora secca secca, con dei buffi occhialini in mano. È la marchesa Smeralda Petunia Filodora, bis bis trisavola delle principessine. Il suo sguardo è severissimo! Nemmeno il ciambellano riesce a farlo così!

– Ma di quali ospiti sta parlando? – chiede Amarilla alla sorella maggiore, dando per scontato che, essendo la maggiore, lei deve per forza sapere tutto.
– E io come faccio a saperlo?! Non sono una strega! – le risponde Lunetta. E, rivolgendosi educatamente… al quadro: – Scusi, marchesa, che cosa succede stasera?
– Stasera c'è il gran ballo nel salone delle feste!

Un ballo? Ma certo! Con tutte le cose strane accadute in quella giornata, le tre sorelline se ne erano completamente dimenticate.

Drusilla già s'immagina con un vestito elegantissimo, pieno di nastri, e con i suoi gioiellini preferiti; Lunetta spera di poter incontrare almeno un principe o un ambasciatore di un Paese straniero; e Amarilla di conoscere un ammiraglio della flotta del re che le racconti delle sue imprese per mari lontanissimi...

– Dunque, siete ancora qui immobili come degli alberi?! – le rimprovera la marchesa.

Le piccole principesse si guardano per un attimo, ancora piene di sorpresa e poi, velocissime, si precipitano in camera.

Agitatissima, Drusilla inizia ad aprire armadi, cassetti e bauli: – E ora che cosa mi metto?

– Perché non provi quel vestito laggiù? – propone la tata che è entrata nella cameretta per controllare cosa combinano da sole le sue piccole.
– Ci sono anche i guanti… – le ricorda, mentre aiuta Lunetta a spogliarsi.
Timoteo è gelosissimo! Lo stanno trascurando per una festicciola e allora ZAF! Cerca di spettinare Amarilla che, con fatica, si mette le sue calze preferite.

Il castello è illuminato da mille candele e lampioncini color oro e argento. Nel cortile ci sono carrozze con cavalli neri e bianchi e altre ne stanno arrivando.

Tutti i servitori e i valletti sono impegnati ad accogliere i numerosi ospiti. Ci sono gran dame con abiti lunghi e acconciature elaborate, fiocchi e collane per farle ancora più belle! I duchi, i conti,

i principi e i marchesi invece indossano uniformi e vestiti perfetti.
Nel gran salone l'orchestra è pronta e i musicisti iniziano a suonare, mentre il cuoco Monsieur

Brisé, seguito dai suoi aiutanti, serve bevande e controlla che i tavoli siano a posto.

– Ehi! Ma chi è quello lì seduto al pianoforte? – domanda sorpresa Amarilla.

Il fantasma ha deciso di uscire dalla biblioteca e farsi vedere indossando... un lenzuolo! Per nessun motivo infatti ci si può perdere un ballo così bello! Perfino le stelline e la luna si avvicinano alle grandi vetrate del salone per curiosare.

Il ciambellano di corte, emozionato più che mai, fa un bell'inchino e invita la tata ad aprire le danze.

Gli ospiti li seguono al centro della sala e si fanno trasportare dalla musica.

Lunetta volteggia insieme a una buffa dama molto simpatica, che le insegna come una vera principessa deve ballare il valzer.

– Vieni, Amarilla! – la invita la sua gemellina.

– Non trovi che sia tutto una meraviglia?
– Lo penso anch'io, Drusilla, e sono molto contenta di ballare con te!
Le piccole principesse hanno trascorso una giornata davvero unica e indimenticabile. La scoperta del castello ha riservato loro tante sorprese e nuovi amici. Nei loro quaderni e diari segreti, preziosi e chiusi da piccoli lucchetti dorati, ora possono scrivere, disegnare e raccontare le avventure vissute quel giorno al castello.

Il torneo di Giglio d'Oro

Drusilla
Amarilla
Lunetta

Una sorpresa nel bosco

Nel cortile del castello, vicino alla grande porta con il ponte levatoio, le piccole principesse giocano allegramente.
Lunetta in realtà è seduta su uno dei gradini di pietra della scalinata che sale alla torre e vorrebbe leggere il suo libro di fiabe, ma non ci riesce perché le sue sorelle più piccole, Drusilla e Amarilla, fanno troppa confusione e si rincorrono di qua e di là, giocando all'acchiapparella tra le gambe delle guardie.
Anche il loro inseparabile micio Timoteo è scatenato! Zampetta, saltella, tira la gonna di Lunetta

per farla alzare. È sempre tanto birbante e certe volte così dispettoso, che sembra un gatto stregato da qualche strano incantesimo!

– Timoteo, dove stai andando?! – lo richiama Drusilla preoccupata.

Teo, agitando la coda, si dirige verso la porta del castello. "Ho proprio voglia di farmi un bel giretto nel bosco" pensa e, veloce veloce, corre fuori.

– Dobbiamo seguirlo – dice Amarilla. – Vieni, Lunetta, presto!

– Forse ha visto un topino e vuole scoprire dove va... – prova a spiegare Lunetta, alzandosi di scatto e andando verso il ponte levatoio.

Amarilla, Lunetta e Drusilla non aspettano un minuto di più e corrono fuori dal castello per seguirlo.

Le piccole principesse infatti hanno una gran paura che il loro micio si possa perdere o, peggio!, cacciare in qualche brutto pasticcio. Già perché, conoscendolo, chissà cosa sarebbe capace di combinare!
Due giorni prima, per esempio, pur di scavalcare le mura da solo, è caduto in un cespuglio pieno di lamponi. Quando è uscito da lì era tutto rosso e, siccome profumava di zucchero, le api lo hanno inseguito!

Ma le piccole principesse non possono uscire dal castello da sole e senza permesso. Non appena le guardie se ne accorgono, cercano di fermarle.
– Principesse, principesse! – gridano. – Dove andate? Aspettate…

– Presto! Vai a chiamare il ciambellano di corte – dice un soldato all'altro.

– Ma non le inseguiamo?

– Be'… sì, forse è meglio.

– Ma non possiamo lasciare la porta incustodita!

E così, non sapendo che cosa fare, uno corre di qui e uno di là! La guardia della torre scende le scale, ma lentamente perché l'armatura pesa e poi SLUMP! Scivola sui gradini… e cade: che capitombolo! Insomma, anche i soldati fanno dei pasticci, un po' come Timoteo! Ma nel frattempo le sorelline sono già lontane. Il ciambellano si arrabbierà moltissimo.

Timoteo, giunto nel bosco, si è arrampicato su un albero per giocare con gli scoiattoli.

– Scendi subito! – lo sgrida Lunetta arrabbiata. – E tu, dove vai?

– Salgo sull'albero, forse Teo non riesce

a scendere. – risponde Amarilla. E inizia ad arrampicarsi.
Intanto Drusilla gira intorno al tronco. – Ehi, guardate che cosa ho scoperto! Qui è appeso un foglio di pergamena. C'è scritto: "È indetto l'annuale torneo del regno di Giglio d'Oro". Ma che cosa si fa a un torneo?
– Credo che si debbano superare delle gare e delle prove per vincere un premio. L'ho letto in un libro – spiega Lunetta.
– Oh, ma è proprio strabaluccicantiloso! – esclama Amarilla.
Le tre sorelline si guardano sorridendo e decidono che per nulla al mondo possono perdersi questa avventura.

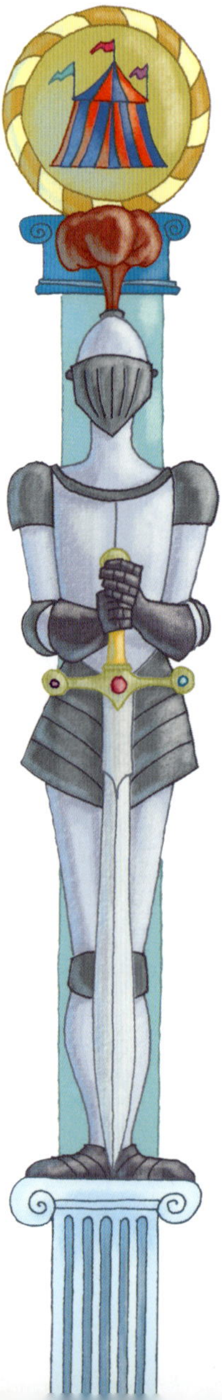

PLUF! Amarilla smette di dondolarsi appesa al ramo e salta giù; Drusilla rilegge ad alta voce la pergamena e Lunetta prende in braccio Timoteo, che è immediatamente sceso dall'albero da solo appena ha sentito della grande novità. Insieme tornano al castello per chiedere al ciambellano e alla tata il permesso di partecipare al torneo.

– Per mille corone e mantelli, non se ne parla! – esclama il ciambellano, rivolgendosi alla tata.

– Suvvia, per una volta non siate severo. Sono certa che le bambine faranno attenzione. Anzi, secondo me vincono anche il primo premio!

– Non so, ci devo pensare – risponde serio e inizia a camminare avanti e indietro per la stanza.

Ma le bimbe, la tata e Teo lo fissano con così tanta insistenza... che alla fine non sa dire di no.

– E va bene! Ci andremo!
Le piccole principesse sono felicissime! Il torneo inizierà tra cinque giorni. Ce la faranno ad aspettare tutto questo tempo?

Inizia il torneo!

Finalmente il giorno tanto atteso è arrivato! Il torneo annuale di Giglio d'Oro è un avvenimento importante e vi si sono iscritte tutte le principesse, le duchessine e le marchesine dei Paesi lontani e dei reami vicini.

Il ciambellano di corte è stato scelto tra i tanti ospiti illustri e a lui è stato dato l'incarico ufficiale di leggere ad alta voce il regolamento del torneo per spiegare le gare e le regole alle partecipanti. Le gare sono quattro e la vincitrice verrà premiata con una chiave d'oro. I principini del regno di Giglio d'Oro consegneranno il premio.

E, per concludere, ci sarà un bel banchetto e dei festeggiamenti, con balli, musica e giochi, a cui tutti, proprio tutti, sono invitati.

– Avete visto quante concorrenti? – Lunetta si guarda intorno un po' preoccupata. – E se le prove del torneo sono pericolose o troppo difficili?

Drusilla invece, che è molto vanitosa, ha ben altri pensieri: – Spero solo di non rovinarmi il vestito. Sapendo che c'erano tante persone, mi sono messa uno dei più belli: non voglio certo fare brutta figura!

– Che bello! Non vedo l'ora di iniziare! – batte le mani Amarilla, contenta di questa strabaluccicante novità e di poter dar prova del suo coraggio.

Tutto il pubblico applaude festoso, urlando Hip Hip Hurrà!!! I palchi sono affollati.

Dame, cavalieri, duchi, granduchesse e poi marchesi, baronesse e baroni, ambasciatori e contesse... Indossano cappelli con le piume, grandi e piccoli, di forme varie e strane; le dame portano collane, gioielli e spille e alcune tengono i capelli raccolti in veli leggeri.

Ovunque ci sono bandiere, stendardi colorati, guardie in uniforme e altri soldati in armatura.
I musicisti, vestiti eleganti, suonano un concertino. Aspettando il segnale d'inizio, un cantastorie racconta cosa accadde tanti, tanti anni fa durante un palio tra cavalieri.

Le piccole principesse sono molto emozionate.

– Laggiù! – indica Drusilla. – Ci sono la tata e il signor Carota.

Le sorelline, di nascosto, chiamano il ciambellano con questo buffo nome perché sotto la bianca parrucca nasconde i capelli arancioni... come le carote!

– Forza, piccole mie! – grida la tata dal palco d'onore, sventolando un fazzoletto rosa.

Timoteo non sta fermo un attimo e vorrebbe andare da loro.

E il ciambellano?

Anche lui, che è sempre serio, questa volta non resiste: fa il tifo e si agita talmente tanto che tra un po' gli cade la parrucca!

Squillano le trombe. Tutte le partecipanti sono pronte. Inizia la prima gara del torneo!

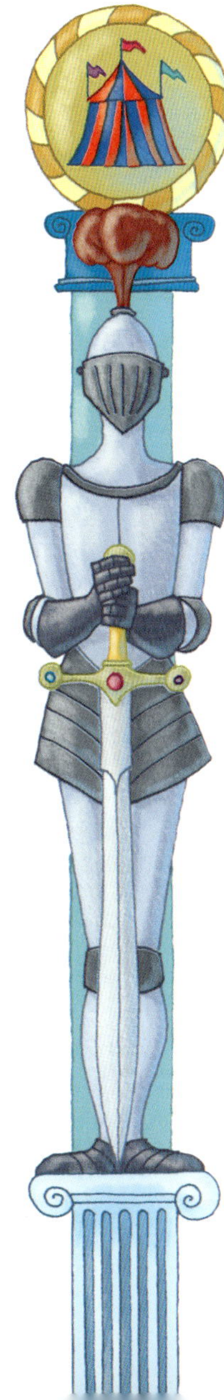

Un labirinto di siepi! Solo un percorso porta dalla partenza all'arrivo, ma tante sono le strade e le stradine che si intecciano, girano di qui e di là,

vanno da una parte... ma ti ritrovi dall'altra! È molto divertente fare un labirinto, però bisogna stare attenti e avere un po' di fortuna.

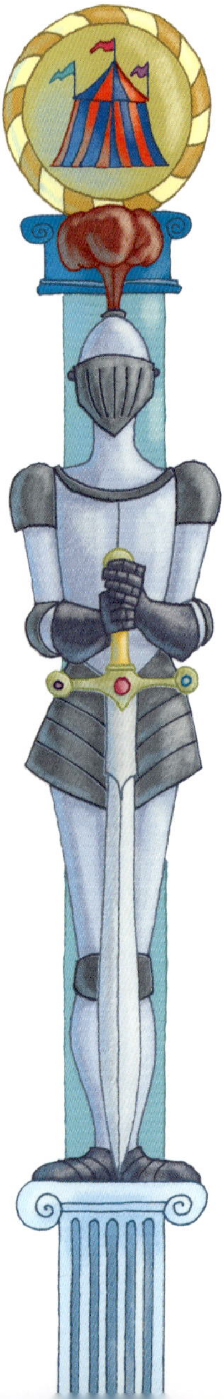

Lunetta, per esempio, si è persa! Ha girato prima a sinistra, poi è andata diritto fino a una siepe grande. Tra due stradine ha scelto quella a destra e ora è arrivata alla fine di una strada senza uscita. Ha provato a tornare indietro... ma si è ritrovata al punto di partenza.

– Dove siete?! – grida Amarilla. Con la testa tra gli arbusti, sta guardando se dall'altra parte ci sono le sue sorelline. Ma loro non rispondono.

Questo labirinto è proprio grande! Come si fa a trovare l'uscita? Per fortuna qualcuno ci riesce: Drusilla è l'unica che corre nella direzione esatta. Non si è fatta distrarre dalle curve e dagli archi di foglie e ha così trovato il percorso giusto. Timoteo è con lei. Il micio curioso infatti l'ha seguita, pensando che forse la sua padroncina poteva aver bisogno di aiuto.

Drusilla è arrivata!

Il pubblico applaude la vincitrice della prima gara. A lei viene assegnato un punto e consegnato un nastro rosso. Un po' alla volta giungono tutte le altre partecipanti al torneo.
"Ma le mie sorelline dove sono?" pensa Drusilla, guardandosi intorno.
Ecco Lunetta. Ha girato e rigirato così tanto che ora le gira anche la testa! Amarilla invece si è proprio divertita, ma ha perso troppo tempo tra le siepi ed è arrivata tra le ultime.

La seconda gara

La seconda prova del torneo non è per niente facile: le concorrenti devono addirittura attraversare un lago!
Quando Amarilla arriva vicino alla riva non c'è ancora nessuno, tranne Timoteo che l'ha seguita. Durante la gara precedente ha fatto compagnia a Drusilla e ora vuole aiutare anche lei.
– Che cosa possiamo inventarci per andare dall'altra parte? – chiede Amarilla al micio.
Amarilla pensa: "Potrei volare sulle ali di una grande farfalla o farmi trasportare da un aquilone dai mille colori? Oppure, con una magia,

farmi venire le gambe lunghe lunghissime o invece diventare leggera come un palloncino ed essere spinta da un soffio di vento?”.
Il lago è molto bello. Cigni bianchi dal lungo collo e anatroccoli gialli nuotano sull’acqua.

Una ranocchia salta all’improvviso e schizza una tartaruga, che se ne sta tranquilla su una roccia a scaldarsi e a prendere il sole. Amarilla e Timoteo osservano tutto pieni di curiosità e sono molto contenti di essere in mezzo alla natura.
– Hai visto quanti animaletti ci sono qui? Gli alberi sono così alti. Sembra un luogo incantato, come quelli delle figure del libro di fiabe di Lunetta.

Forse in questi posti abitano le fate o qualche strano folletto – dice la piccola principessa, guardando sotto ai sassi e ai funghetti.
Ma ora bisogna affrettarsi perché possono arrivare le altre partecipanti e Amarilla non vuole essere tra le ultime anche questa volta.

– Ecco, ho trovato! – esclama all'improvviso abbracciando Teo per la contentezza. – Costruisco una zattera!
Amarilla si è ricordata dei libri che ci sono nella biblioteca del suo castello. In uno di questi si raccontano le avventure dei marinai e dei pirati e le belle figure mostrano diversi tipi di navi e barche.

Vicino all'acqua ci sono tante canne di bambù. Alcune alte alte, con le foglie; altre più piccole sono per terra. Probabilmente il vento le ha fatte cadere e Amarilla le raccoglie.

Il micio l'aiuta prendendole con le zampette e facendole rotolare vicino all'acqua. Poi, insieme, cercano il modo di legare le canne vicine e molto strette, così la zattera può galleggiare sull'acqua.

Ora via! Amarilla sale sulla zattera, seguita subito da Timoteo, e insieme navigano sul lago remando con attenzione per non far girare o rovesciare la nave. Mentre rema, immagina di essere un coraggioso corsaro e la sua zattera non è piccola e di bambù, ma è un grande galeone dalle bianche vele.

Come i pirati del libro, anche loro vanno alla ricerca di un prezioso tesoro nascosto in un'isola misteriosa.

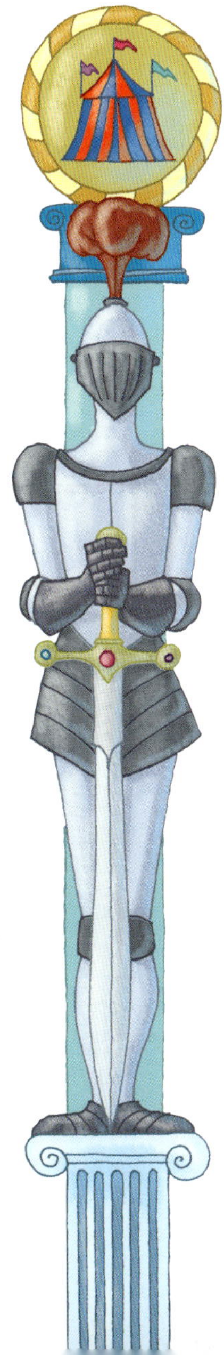

Appena arrivata dall'altra parte si sente chiamare.

– Amarilla, Amarilla!

Lunetta e Drusilla sono sulla riva opposta e agitano le braccia per farsi vedere.

– Ciao sorelline! Aspettatemi lì, vi vengo a prendere.

La piccola principessa è ormai molto esperta e così, senza difficoltà, le raggiunge.

I cigni e gli anatroccoli, insieme a delle paperelle, la seguono divertiti.

Il lago di solito è sempre tanto tranquillo, non succede mai nulla di speciale... finalmente qualche novità di cui parlare!

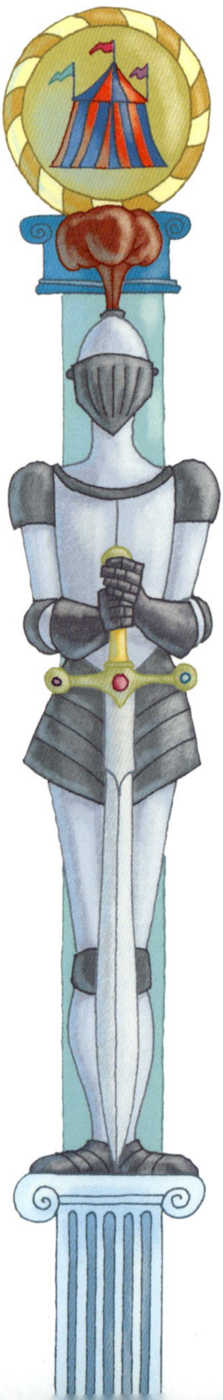

– Salite su, forza!

Le tre sorelline si danno da fare tutte insieme per attraversare il lago velocemente.

– Come hai fatto a costruirla? – le domanda Lunetta incuriosita.

– Oh, è stato facile. Vi ricordate il nostro libro, quello con i racconti delle leggende del mare?

– Sì sì, – interviene Drusilla – è quello con la copertina tutta rossa!

– Proprio quello! Tra le tante illustrazioni, ci sono quelle con un gruppo di pirati che sbarca su un'isola deserta. E in un disegno c'è un pirata su una zattera.

– Ma è meravigliosissimo... – commenta Drusilla, proprio orgogliosa delle trovate geniali della sua gemellina.

Arrivate alla riva opposta e scese dalla zattera, le piccole principesse s'incamminano.

In lontananza vedono i tendoni dei palchi e le bandiere colorate con lo stemma del Giglio d'Oro. Si sente anche la musica.
Tra tutte le partecipanti, loro sono le prime a essere giunte al traguardo. È merito dell'idea di Amarilla e quindi, come è giusto, è a lei che viene assegnato un punto come vincitrice di questa prova. E riceve anche un nastro verde.
Le sorelline sono molto contente: sia Drusilla che Amarilla hanno fatto un punto. E Lunetta? Chissà, mancano ancora due gare...

Grandi emozioni

Povera Lunetta!
Una contessina invidiosa per dispetto ha fatto fuggire il suo cavallino, Polidoro. Lunetta non lo tiene mai legato perché lui è sempre molto tranquillo, ma questa volta per lo spavento è corso via, da qualche parte nel bosco.
– Come faccio ora a partecipare alla corsa del torneo?
– Non piangere, Lunetta! Manca ancora un po' di tempo all'inizio della gara, vedrai che ritroviamo Polidoro – la consola Drusilla. – Certo che quella lì è proprio antipatica! Non ci si comporta così male.

Be'... purtroppo ogni tanto capita che qualcuno pur di vincere sia un po' cattivo, ma le piccole principesse non si arrendono!
Timoteo ha assistito a tutta la scena: "Per fortuna ci sono io! Devo aiutare la mia padroncina!". E si mette a correre verso la collina in direzione del bosco. Cerca di qua, cerca di là... finalmente trova il cavallino.

– Guardate, sta arrivando Teo. Ha riportato il mio Polidoro! – esclama Lunetta tutta contenta.
Il micio è proprio buffo! In groppa al cavallo, ballonzola su e giù, tenendo le briglie tra i dentini.
In realtà non sembra sentirsi proprio tranquillo...

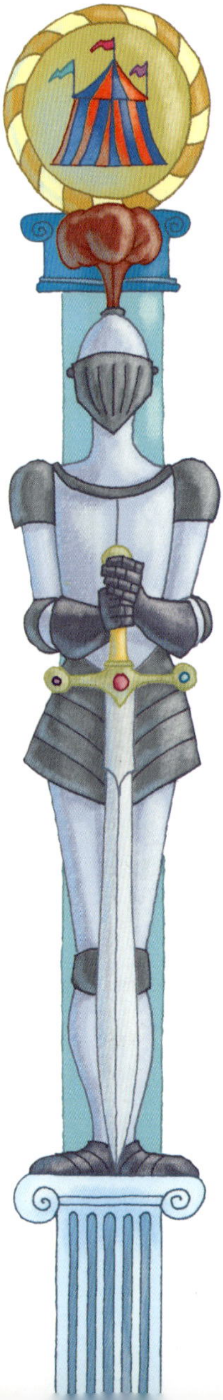

e infatti sta pensando: "Non vedo l'ora di scendere!!!".

Tra la fine della seconda gara e l'inizio della terza le concorrenti hanno tempo per riposarsi. Le piccole principesse vanno allora nella loro tenda, dove trovano la tata che le sta aspettando. Ha preparato un delizioso spuntino: panini, succo di frutta e biscotti al cioccolato.

– Immagino che avrete tanta fame, piccole mie, vero? – chiede premurosa.

– Oh, sì, tantissimissima! – rispondono in coro.

E, mentre fanno merenda, la dolce tata pettina loro i capelli: sono un disastro, pieni di foglie e tutti in disordine.

TAA TATATA TAAA!!! Squillano le trombe.

Presto, presto! Bisogna cambiarsi gli abiti e le scarpette.

Sta per iniziare la terza prova del torneo: la corsa dei cavalli.

Chi arriva prima al traguardo deve prendere il nastro giallo appeso al ramo dell'albero vicino al palco d'onore.
I cavalli vengono portati sulla linea di partenza e gli scudieri aiutano le principessine, le marchesine, le contessine e le duchessine a salire in sella. Amarilla invece fa da sé. Qualche volta è un po' un maschiaccio e Drusilla si vergogna per lei: non sono certo modi da principessa!

Lunetta accarezza il suo cavallino e gli parla in un orecchio dolcemente e sottovoce: – Bravo Polidoro, sei pronto?
Suonano le trombe, il giudice della gara dà il segnale d'inizio. Partenza... via!

Quanti bei cavalli, bardati con nastri, fiocchi e stoffe ricamate! Sono molto eleganti come le bambine che li cavalcano. E corrono svelti.

Ma il più veloce di tutti è Polidoro. Il traguardo non è lontano. Si vede il nastro giallo mosso dal vento. Forza, Lunetta!

– Evviva! Evviva! – grida il ciambellano contento, abbracciando forte la tata.

– E pensare che voi non volevate neppure dare il permesso per venire qui a Giglio d'Oro...

– Oh, be' be'... – e, senza finire la frase, il ciambellano, imbarazzato, torna subito serio, ma incomincia ad applaudire a più non posso.

– Brava, Lunetta! – esclama la tata emozionata. Per tutto il tempo della corsa si è agitata sul palco. Timoteo, seduto come al solito dentro la tasca del suo grembiule, è stato sballottolato a sinistra e a destra. Il micio però è proprio felice: in fondo è anche merito suo se Polidoro è stato ritrovato!

E il cavallino, orgoglioso, porta in giro il nastro giallo legato alle briglie.

Lunetta ora è più tranquilla perché ha vinto anche lei una gara e ha fatto un punto come le sue sorelline.

E quella antipaticissima e strantipaticissima di contessina dispettosa? Mentre correva il vento le ha fatto cadere il cappellino, un braccialetto si è rotto e lo ha perso, ed è arrivata ultima! Così impara: la prossima volta non farà più dispetti.

Il signor Carota chiama le piccole principesse: – Venite, dobbiamo andare alla tenda per prepararci alla quarta prova.

Mentre gli scudieri portano via i cavalli, le guardie si danno da fare con grandi bauli e cassette di legno che contengono archi e frecce. Ma a che cosa servono? La quarta e ultima gara del torneo è il tiro con l'arco.

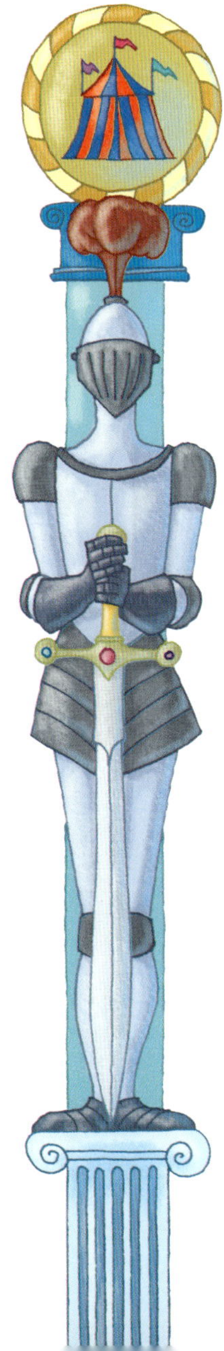

Ogni concorrente tira tre frecce. Il bersaglio è un grande disco con cerchi di varie dimensioni; ognuno vale un punteggio. Chi fa più punti vince un nastro blu.

Per tirare ci vuole molta attenzione. Va preso l'arco e sistemata la freccia, poi si tende forte la corda e, guardando bene il bersaglio, la si lascia andare.

Il pubblico è in silenzio, perfino gli uccellini hanno smesso di cinguettare per un attimo: è un momento importante e le concorrenti si devono concentrare!

Amarilla tira per prima. ZUF! Vola la freccia... centro!

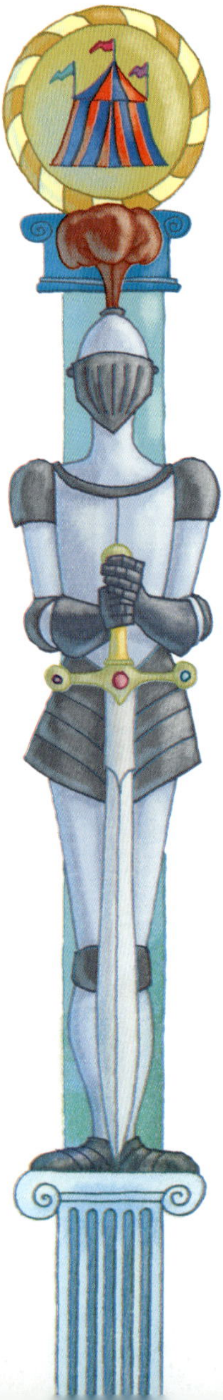

In fila, vicine, le piccole principesse e le altre partecipanti sono proprio belle. Tutte indossano vestiti colorati ed eleganti; hanno babbucce di panno e scarpine allacciate con fibbie dorate o nastri di raso; alcune hanno i capelli legati da fiocchi e mollettine, e sulla testa portano coroncine o diademi preziosi.

A una a una fanno la loro prova e ora tocca a Lunetta tirare, mentre Drusilla è ultima.

Una giuria controlla i punti e li scrive su una pergamena appesa vicino al palco d'onore. Tutti attendono con grandissima ansia di sapere chi è la vincitrice di questa gara. E così... che sorpresa quando si scopre che le tre sorelline hanno lo stesso punteggio!

A loro quindi viene consegnato il nastro blu. Ma allora, a chi andrà la chiave d'oro?

A questo punto, il capo giuria si alza e

dal palco declama a gran voce: – Gentilissimi invitati e gentilissime concorrenti, abbiamo controllato e sommato i punti di questa e delle tre gare precedenti. Siamo onorati di dire che, a pari merito con due nastri per ciascuna, le vincitrici del torneo di Giglio d'Oro di quest'anno sono... le piccole principesse Lunetta, Amarilla e Drusilla!
– Evviva! Evviva! – il pubblico applaude.
E le tre sorelline? Si abbracciano piene di gioia:
– Abbiamo vinto il torneo!!!

La premiazione delle vincitrici

Iniziano i preparativi per la cerimonia ufficiale di premiazione.
Il compito di consegnare i premi alle vincitrici del torneo spetta ai principini del regno di Giglio d'Oro. Tutti sanno che il torneo annuale è un'occasione speciale per l'intero regno e a corte si sono tanto raccomandati che si comportino bene perché, quando stanno insieme, i tre principi fanno molti scherzi! Al torneo dell'anno scorso, solo per fare un esempio, hanno nascosto dei rospi nel palco dei membri della giuria! E adesso i tre cuginetti non vedono l'ora di conoscere le piccole

principesse, sperando ovviamente che siano simpatiche. Magari può nascere una bella amicizia oppure sai quanti piccoli scherzetti se sono delle smorfiosette!

La tata lascia il palco e raggiunge in fretta le piccole principesse alla loro tenda. – Oh piccole mie, sapevo che avreste vinto, me lo sentivo... – dice commossa.

– Pensi che il nostro torneo verrà raccontato in qualche libro? – domanda Lunetta.

– Oh, sì – sorride sognante Drusilla – pensa come sarebbe bello. Romantico, vero?

– Romantico? Uff... Molto meglio avventuroso! – esclama Amarilla, facendo finta di combattere con Timoteo, seduto dentro la tasca del grembiule della tata.

– Pensa, tata, – racconta Lunetta – durante la prima gara, a un certo punto, non sapevo più dove andare. C'erano siepi e foglie dappetutto! Avevo paura di perdermi dentro al labirinto.
– Io invece sono fiera di Timoteo – dice Drusilla accarezzando il micio.
– E perché? – domanda la tata.
– Ha riportato Polidoro a casa! Cioè... da noi.

Le piccole principesse raccontano con grande entusiasmo tutti i particolari delle gare e le emozioni provate durante questa giornata davvero strabaluccicantilosa, come dice Amarilla! E non è ancora finita: adesso c'è la premiazione e poi i festeggiamenti con il banchetto.

– Principesse! Principesse!

Il ciambellano di corte arriva di corsa alla tenda, ma è così pieno di gioia che... si distrae, scivola, inciampa e PATAPLAF si ritrova lungo e disteso per terra! Le bambine scoppiano a ridere perché la scena è proprio divertente, ma al loro signor Carota vogliono bene e corrono subito ad aiutarlo.

– Vi siete fatto male?

– Oh, non è nulla, non è nulla... Solo un piccolissimo incidente – risponde, imbarazzato e con il viso tutto rosso (rosso come i suoi capelli!). – È che sono tanto contento per voi!

Il signor Carota è davvero commosso: le sue principesse sono state brave e lui ne è orgoglioso.

– Ma ora presto, prepariamoci! Non dimenticate le coroncine.

Il pubblico si sporge dai palchi per vedere le vincitrici. Cavalieri, dame, conti

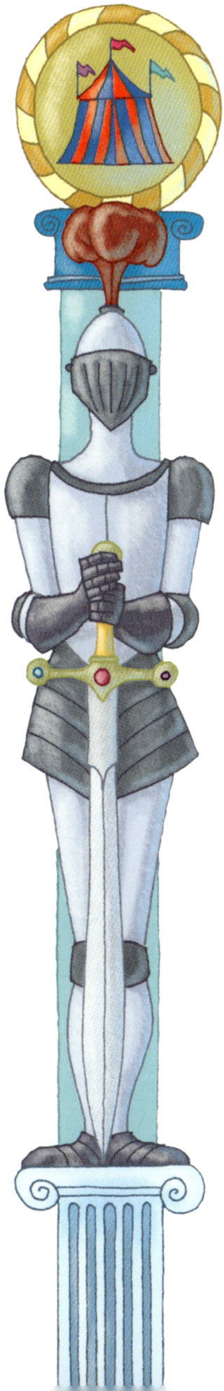

e marchesi commentano a voce alta. I valletti e i paggi portano nuove bandiere colorate e nastri da appendere sui palchi; delle fanciulle hanno cestini pieni di fiori che distribuiscono alle dame, mentre alcuni servitori offrono dolcetti caramellati e confetti. I musicisti suonano delle musiche allegre.

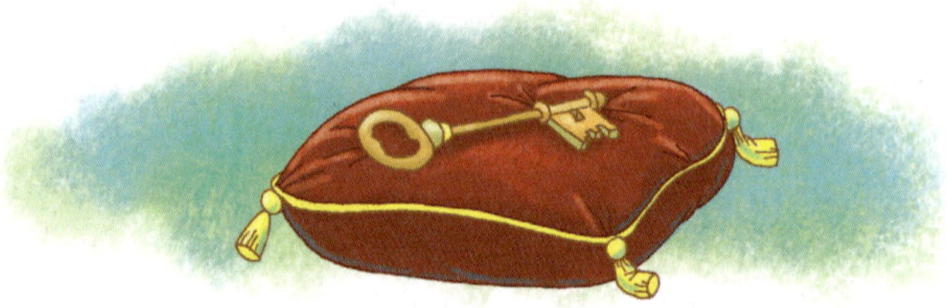

Ecco che inizia la cerimonia.
Il ciambellano ha avuto l'incarico ufficiale di chiamare per nome, una per una, tutte le partecipanti.
TA TATATAA TAAA!!! Squillano le trombe e poi rullano i tamburi. Arrivano dei cavalieri a cavallo, seguiti da guardie in

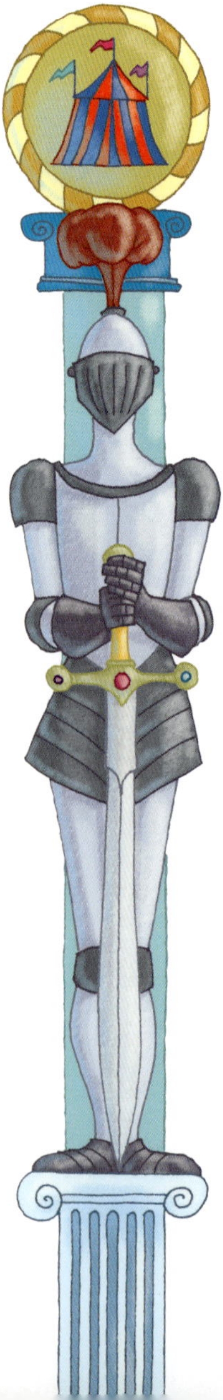

uniforme e paggi. Avanza il capo giuria con i suoi collaboratori.

– I principi di Giglio d'Oro! – indica la tata alle piccole principesse, che nel frattempo si sono andate a sedere vicino a lei.

Il micio Timoteo si sporge dalla tasca del grembiule perché anche lui vuole vedere la cerimonia.

Tre valletti attraversano il campo tra i palchi tenendo in mano dei cuscini di velluto rosso.

– Stanno portando le chiavi d'oro – interviene Amarilla.

– Dove? – chiede Drusilla, che si è distratta come al solito.

– Lì, vedi? – le mostra allora Lunetta.

Le tre piccole principesse sono agitatissime!

– I principini sembrano simpatici – dice Amarilla, che già sta pensando a quali giochi fare subito dopo la premiazione.

– Oh sì, mi paiono anche eleganti – le risponde Drusilla, guardando i mantelli che indossano.
– Mi sembra una favola! – esclama Lunetta.
Davvero una favola è stata tutta questa lunga e bella giornata.

Le piccole principesse si sono divertite, sono state coraggiose e si sono aiutate tra di loro. E ora è giunto un altro un momento che sarà indimenticabile! Lo racconteranno nei loro diari e magari faranno dei disegni da regalare al ciambellano e alla tata come ricordo.

Squillano le trombe e il capo giuria chiama le piccole principesse. Si alzano in piedi e avanzano mentre tutto il pubblico applaude festoso.

I principini di Giglio d'Oro sono davanti a loro con le chiavi d'oro, prezioso premio del torneo. Amarilla, Lunetta e Drusilla sono molto felici!

La stella della Regina

Chi è entrato nel castello?

Il re e la regina sono seduti nel grande salone da pranzo. Dalle finestre entra la luce del sole, i suoi riflessi fanno luccicare le posate d'argento e i piatti dai bordi d'oro. Il tavolo è apparecchiato con una bella tovaglia ricamata; tutto è pronto o quasi... Tre sedie sono ancora vuote!

– Il loro comportamento è inammissibile! – esclama il re, tamburellando con la mano e rivolgendosi alla regina. – Se non arriveranno entro l'ultimo rintocco dell'orologio, resteranno tutto il giorno in punizione.

Questa volta Amarilla, Lunetta e Drusilla l'hanno

fatta davvero grossa: il re non si arrabbia quasi mai, almeno non con loro. Però ci tiene alla puntualità, specie a tavola: lui è così goloso!
Intanto è tutto un avanti e indietro di servitori che entrano nella sala con i vassoi in mano ma poi, dopo aver guardato la faccia scura del re, ritornano subito in cucina il più silenziosamente possibile.

Suona l'ultimo rintocco dell'orologio e... le tre sedie sono ancora vuote!
– Probabilmente la lezione del ciambellano è durata un po' più del solito – prova a giustificarle la regina, ben sapendo, peraltro, che il ciambellano mai farebbe arrivare le bambine in ritardo a tavola.

I minuti passano, uno dopo l'altro. Il re sbuffa sempre di più e la regina continua a cercare delle scuse, ma si deve interrompere quando vede entrare le tre bambine di corsa nel salone: Amarilla indossa una calza sì e una no, la sua gemella Drusilla ha in testa uno strano cappellino fatto di foglie e persino Lunetta, che è la più grande, tiene la coroncina legata alla cintura...

– Eccoci!!! Scusate, lo sappiamo che è un po' tardi... veramente noi... – dicono in coro le principesse, fermandosi di colpo appena vedono lo sguardo severo del padre.

– Vi sembra forse questo il modo di comportarsi? E poi che cosa avete combinato per presentarvi a pranzo così in disordine?! – domanda accigliato il re, che in cuor suo non vorrebbe mai fare la parte del papà severo. – Ora sedetevi così pranziamo e dopo andrete in camera vostra fino a domattina! Va bene, su, facciamo solo fino all'ora di cena… – poi per scherzare prende il cappello di foglie di Drusilla e se lo mette al posto della corona, suscitando le risate di tutti, anche dei camerieri! Il re ha ritrovato in un attimo il suo buonumore!

Ma non abbastanza da togliere del tutto la punizione. Così, finito di mangiare, le piccole principesse si avviano lentamente in camera.

Guardandole camminare così mogie, il re chiede alla regina: – Pensi che abbia esagerato e sia stato troppo severo?

– No, caro – lo rincuora lei con un sorriso.

Nel frattempo, nella cameretta…

– Stai ferma! Se tocchi il tetto così, farai cadere la casa delle mie bambole!

– Ma io non ce la faccio più, mi annoio! – si lamenta Amarilla che non capisce come la gemella riesca a divertirsi tanto con quei mobiletti.

– Perché non suoni con me? – le propone Lunetta, indicandole il tamburo.

– Oh, questa sì che è un'idea strabaluccicantilosa! – applaude Amarilla, saltellando sul letto.

Per fortuna, dopo un po', arriva Timoteo. Il gatto vuole farsi coccolare dalle sue padroncine e si avvicina subito a Lunetta che, accarezzandogli la morbida pancia,

gli dà tanti bacini sul muso: – Resti qui con noi adesso, vero?
Il miagolio di Teo è chiaramente un sì!
Pian piano si fa sera e diventa buio: è giunta l'ora che le bambine si mettano a letto. La tata le aiuta a indossare le camicie da notte e legge loro una fiaba, poi rimbocca le coperte, dà a ciascuna il bacio della buonanotte e le saluta:
– Sogni d'oro, piccole mie.
Ma le principesse ferme nei lettini ci restano ben poco! Dopo un pomeriggio al chiuso, riuscire ad addormentarsi subito è impossibile per tutte e tre.
La notte è splendida e nel blu intenso del cielo brillano tantissime stelle. Lunetta, Drusilla e Amarilla le guardano incantate dalla finestra insieme a Teo.
E iniziano a fantasticare di fate e principi, di streghe cattive e folletti buoni.
Finché, a un certo punto succede un fatto davvero strano: nel castello ormai

tutti dormono di certo, eppure, all'improvviso, un lume si accende in una delle sale del secondo piano, dall'altra parte del cortile piccolo. Di colpo si spegne e poi si riaccende di nuovo...

– Avete visto anche voi? – chiede Lunetta.

– Già... Chi può essere a quest'ora?!

– Forza, andiamo a scoprirlo! – propone Amarilla, tirando Drusilla fuori dalla stanza per la camicia da notte.

Una notte movimentata

Le piccole principesse attraversano i corridoi del castello, silenziose e con passo leggero. Quando Amarilla abbassa la maniglia, la porta della sala si apre con uno scricchiolio e, velocissima, un'ombra misteriosa si nasconde dietro le tende cercando di trattenere il respiro per non farsi scoprire! Dopo un attimo le bambine entrano, ma non notano nulla di strano.

– Su, venite avanti e fate piano… – raccomanda Amarilla, mentre Timoteo scivola tra le sue gambe.

– Lunetta, ma sei sicura che la luce provenisse proprio da questa stanza? – bisbiglia Drusilla.

– Sì, ne sono certa. Questo è il laboratorio di astronomia, ci sono stata una volta con il ciambellano.
– Forse siamo arrivate troppo tardi – dice Drusilla – e chi era qui è già fuggito!
Lo spettacolo è meraviglioso: la luna piena illumina il pavimento del laboratorio e i mille oggetti disposti dappertutto creano strane ombre magiche.
– È davvero strabaluccicantiloso! – esclama Amarilla, mettendosi subito a guardare nel grande cannocchiale che, rivolto al cielo, mostra più vicine le stelle e i pianeti lontani.
– Non ti distrarre ora, siamo venute per scoprire se qualcuno è davvero entrato di nascosto nel castello!

E così iniziano a guardarsi intorno per cercare indizi.
Timoteo intanto zampetta di qua e di là. Ma, giunto vicino alla finestra, alza la coda, annusa l'aria e si mette a miagolare sempre più forte!
VARAVUMP!

All'improvviso alcuni libri cadono per terra provocando un enorme frastuono: le piccole principesse si voltano verso la finestra e vedono uscire dalla tenda una figura grossa e nera.
– Fermo lì!!! – urla Drusilla, pronta a difendersi con una lente d'ingrandimento presa dalla scrivania.

– Prendilo, presto! – grida Lunetta.
– Attacca, Timoteo! – strilla Amarilla.
– Shhhhh!!! Per carità, volete che ci scoprano?
Le tre sorelline guardano incredule quell'ombra e riconoscono la voce...
– Papà, sei tu!!! Ma che cosa ci fai qui al buio?
– Sì, sono io! Be', ecco... – inizia a balbettare imbarazzato – Ehm, dovevo fare una cosa importante che deve restare segreta! Oh insomma, bambine, non mi farete l'interrogatorio?
La scena è davvero buffa, perché per una volta è tutto all'incontrario: il re deve giustificare alle piccole principesse il fatto di essere ancora alzato a quell'ora e, per di più, di essersi nascosto!
Tutti e quattro scoppiano a ridere.
– Lo sapete, tra pochi giorni sarà il compleanno di vostra mamma e le ho

preparato un regalo speciale che tengo nascosto qui. Sono venuto a prenderlo perché devo cambiargli il…
Ma non c'è il tempo di dire altro: la porta del laboratorio di astronomia si spalanca!

Il ciambellano di corte, facendosi luce con una candela, entra nella stanza con le guardie, già pronte a intervenire. Dietro di loro ci sono la regina, vestita con una bellissima vestaglia, e la tata tutta impaurita.

E non finisce qui!
Dal corridoio arrivano anche dame e servitori curiosi di sapere che cosa abbia provocato quella confusione: il gran rumore, il miagolare di Timoteo, le urla delle piccole principesse…
Il ciambellano, ancora tutto rosso in viso per la grande agitazione, è fermo immobile come una statua di pietra! Si è ricordato di non aver fatto in tempo a vestirsi e di essere ancora in camicia da notte: all'improvviso diventa ancor più rosso e, con un inchino, lascia la stanza. Poverino, che imbarazzo!
Il re coglie al volo quella mossa: – Via via, non è nulla! Non c'è alcun malintenzionato né alcun ladro, tornate pure tutti a dormire.
Ma la regina lo guarda fisso negli occhi con aria interrogativa: – Dunque, sentiamo: qual è la ragione per cui voi quattro, anzi cinque visto che c'è anche

Timoteo, avete deciso di mettere a soqquadro tutto il castello in piena notte?

Silenzio.

Il re e le piccole principesse hanno un'espressione davvero colpevole. Poi il sovrano prende dalle mani di Drusilla la lente d'ingrandimento e risponde balbettando: – Ecco, mia cara, le bambine, cioè io...

Silenzio.

– Vedi, mamma, – interviene Lunetta nel tentativo di aiutarlo – dobbiamo fare una ricerca.

– Ecco sì, esattamente! Ho chiesto alle nostre figlie di fare una ricerca sui pianeti. Lo stavo per dire, appunto...

– A quest'ora, caro?!

Amarilla e Drusilla si lanciano un'occhiata d'intesa e fanno un grande sbadiglio. Timoteo subito le imita.

– Ho capito. Filate tutti a letto! – sorride la regina.

– Anche tu! – aggiunge indicando il re.

Un fiore speciale

Il giardino del castello è proprio grandissimo: alberi, siepi, fiori, prati, vasi e statue insieme a bellissime fontane creano un magico disegno con sentieri e angoli verdi, ombrosi e profumati.
Come sempre, Timoteo esce di buon mattino per la sua solita passeggiata. Adora questi momenti, perché può gironzolare ovunque indisturbato e fare i dispetti agli uccellini che sonnecchiano ancora nel nido. Solo piccoli dispettucci del tutto innocui, ovvio: lui è un gatto a modo!
A un certo punto, in lontananza, vede una cosa strana...

"Quella collinetta blu e turchese vicino alla panchina ieri mattina non c'era" pensa, avvicinandosi quatto quatto.

All'improvviso la "cosa" si muove. Stupito, Teo con un balzo, CIUMP!, ci salta sopra e si ritrova sulla schiena del re! Altro che collinetta: era il reale sederone ad averlo tratto in inganno!

Il sovrano era in ginocchio tutto indaffarato a sistemare della terra in un vaso.

– Timoteo! Mi hai fatto paura… – sobbalza il re.

– Su, stai buono che devo finire un lavoretto prima che arrivi qualcuno – e, con fare sospetto, si guarda intorno, ricominciando a trafficare con guanti e palette.

Ma sembra proprio che quel mattino si siano alzati presto in tanti! Infatti, non lontano, ecco giungere altre voci.
– Oh, Timoteo, arriva qualcuno! – si agita il re.
– Presto, nascondiamoci!
Le piccole principesse, però, sono più veloci e, correndo lungo il vialetto, giungono vicino al re prima ancora che lui riesca ad alzarsi.

– Papà, che cosa stai facendo lì per terra?! – domanda Drusilla piena di stupore. – Guarda il tuo mantello, è tutto sporco!
– Be', bambine, io veramente…
– Che cosa nascondi dietro la schiena? – lo interroga Amarilla, girandogli intorno.

– Nulla, proprio nulla!
Ma quando Lunetta gli fa notare che proprio lui le ha insegnato a non dire mai le bugie, il re non ha scelta: deve cedere!
– Questa non è esattamente una bugia, ma una semibugia… una quasi-verità!
Poi, da dietro la schiena, tira fuori un vaso che contiene un fiore bellissimo, davvero unico, un fiore a forma di stella con i petali d'oro, morbidi come il velluto e leggeri come la seta.
– Mi raccomando, Lunetta: non ditelo assolutamente a vostra madre! Questo è il regalo per il suo compleanno: il fiore "Stella della regina"!
Come per incanto, nel momento stesso in cui il re pronuncia la parola "regina", ecco che appare davvero quella vera, in compagnia di alcune dame.
Il re guarda le figlie disperato: allora le piccole principesse prendono di corsa

il prezioso vaso e corrono a nascondersi, appena in tempo per non essere viste.
Dopo qualche istante la regina è di fronte al re: prima indica con il dito le foglie attaccate al suo mantello; poi, mettendosi le mani sui fianchi come quando è arrabbiata, gli domanda con un tono di voce che però sta tra il serio e il divertito: – Caro, mi vuoi spiegare che cosa sta accadendo?
È la seconda volta che ti trovo nelle situazioni più strane. Non mi starai nascondendo forse qualcosa?

– Dunque, mia adorata, io… ecco… stamattina avevo caldo e… sì, appunto, mi sono svegliato pensando di controllare a che punto fossero i lavori in giardino, perciò… eccomi qui!

Il re sorride soddisfatto per essersela cavata in qualche modo.
Intanto Amarilla, Drusilla, Lunetta e Teo, nascosti dietro a un muretto, assistono alla scena, ma senza riuscire a sentire quali scuse stia inventando il re. Comunque deve essere stato molto efficace, perché la loro mamma poco dopo si allontana.
Le principesse si guardano intorno per controllare che non ci sia più nessuno, poi escono dal nascondiglio e ritornano dal padre: sono affascinate dal fiore Stella e desiderano tanto sapere da dove viene.
Sedute sotto un albero, ascoltano il re che racconta di aver guardato per tante notti il cielo fino a quando ha scoperto la stella più bella di tutte, luminosa e grande.
Con l'aiuto del giardiniere di corte, è riuscito a trovare i semi giusti per far

sbocciare un fiore speciale come quella stella e come la sua sposa.

– Ieri notte sono andato nel laboratorio per cambiargli il vaso, ma non ne ho avuto il tempo, così oggi ho cercato un altro posto tranquillo. Ora è pronto e lo devo portare dal giardiniere per un ultimo controllo – conclude il re, orgoglioso del suo capolavoro.

Le piccole principesse sono senza parole, tranne Drusilla che esclama: – Che storia romantica!

Aspettando il compleanno...

Il giorno dopo il ciambellano è agitatissimo e cammina per i corridoi del castello con passo veloce. Gli è stato affidato un compito importantissimo, "fondamentale per il bene di tutto il nostro regno" come ha detto il re in persona consegnandogli un biglietto chiuso con un sigillo. E lui, serissimo come al solito, esegue. Portando il biglietto su un piccolo vassoio d'argento, si dirige verso il salottino giallo dove si trovano le piccole principesse.

– È una lettera di papà – dice Lunetta aprendo il foglio. – Ci chiede di aiutarlo a organizzare la

festa per stasera, perché ha degli impegni urgenti a corte, e poi di andare nella serra dal giardiniere per riprendere il fiore Stella.
Velocissime, le sorelline escono in giardino. Nella grande serra fatta di vetro e ferro battuto, sono raccolte tantissime piante verdi e fiori dai colori vivaci e dai delicati profumi.
Il giardiniere accoglie le tre bambine con un caloroso saluto: – Oh, buongiorno, bambine! Siete venute a darmi una mano? Benissimo: Drusilla, prendi l’annaffiatoio pieno d’acqua che è laggiù e tu, Amarilla, sposta per piacere quella piccola pianta sullo scaffale. Per te, Lunetta, un compito speciale: potare la siepe qui davanti.

– Be', veramente, siamo venute per la Stella della regina – precisa Lunetta. – Possiamo prenderla subito? Non le dispiace se l'aiutiamo un'altra volta, vero? Sa, dobbiamo preparare la festa per stasera e non abbiamo molto tempo.
– E poi abbiamo paura che la mamma venga qui, come fa sempre, per raccogliere i fiori da mettere nella sua camera – aggiunge Amarilla.
– Oh, certo certo! – risponde il giardiniere sorridendo. – Ma mi raccomando, fate attenzione! I petali d'oro della Stella sono molto delicati: quindi non fatele prendere troppo vento, altrimenti si sciupa.
Le tre sorelline si consultano e decidono che la cosa più importante da fare subito è trovare un posto sicuro e protetto dove nascondere il fiore.
– Sotto il letto nella nostra cameretta? – propone Lunetta.

Amarilla non è d'accordo: – No, è troppo rischioso, e poi il vaso non avrebbe luce là sotto.
– È vero! Che ne dite della camera della tata?
Le sorelle si mettono a pensare, ma poi decidono che anche quel posto non è sicuro.
Mentre si avviano verso il castello, Drusilla esclama a un tratto: – Perché non lo facciamo cercare a Teo un luogo adatto? Il nostro micio è uno specialista nello scoprire angoli in cui rintanarsi.
Ma le sue sorelle scuotono la testa, anche questa non è una buona idea: il gatto potrebbe scegliere nascondigli davvero strani!
Giunte nel cortile piccolo, le principesse vedono la finestra del secondo piano e si guardano.

– Il laboratorio di astronomia! – gridano in coro contente. – Nessuno oggi andrà lì!
Purtroppo però non fanno in tempo a sistemare la Stella che tuoni e lampi iniziano a scuotere il cielo. Le sorelline escono in terrazza e rimangono

deluse a guardare la pioggia che scende torrenziale!
– E adesso come si fa per la festa? – sospirano, mentre all'orizzonte compaiono nuvoloni sempre più scuri e minacciosi.

Che delusione e che disastro!!! Avevano già immaginato di portare in giardino i tavolini e le sedie per decorarli con ghirlande e nastri; di far preparare una giostra e un lungo tavolo con tanti dolci; di appendere ai rami di un albero un bellissimo stendardo con il nome della regina: Dalia. Il ciambellano si sarebbe occupato degli inviti e il re le avrebbe aiutate a scrivere una poesia da leggere insieme. Ma ora?

– Ah, mie piccole, siete qui! Ho girato per tutto il castello perché non riuscivo a trovarvi. Il re mi ha mandato a cercarvi...

Dietro di loro compare la dolce tata che, con gesti premurosi, le fa rientrare subito nel castello.

– Volete forse ammalarvi? – le rimprovera, mentre mette a posto gli ombrelli zuppi d'acqua. – Vostro padre non può ancora venire da voi, ma ho il compito di dirvi che la "missione stella", proprio così ha detto, si farà nonostante il brutto tempo! Questa notizia rincuora le bambine che si guardano più tranquille. Però rimane il problema di dove festeggiare il compleanno della regina e sui loro volti ben presto ritorna la delusione.

La tata conosce le sue piccole e si è subito accorta che sono dispiaciute per qualcosa. Anzi, vedendo il fiore Stella appoggiato alla scrivania, crede proprio di sapere qual è il motivo.
– Sono certa che voi tre inventerete qualcosa di bellissimo!

Se la festa non si può più fare all'aperto, perché non la organizzate nel salone del trono? Guardatevi intorno: qui nel laboratorio troverete senz'altro l'ispirazione – e, facendo l'occhiolino, se ne va chiudendo la porta.
Le sorelline fanno un bel sorriso. – Diamoci da fare!

Tutto il laboratorio viene messo sottosopra finché Lunetta vede per terra un libro aperto: era uno di quelli che era caduto nella famosa notte della luce misteriosa. L'illustrazione mostrava la volta celeste con tutte le stelle del firmamento.
– Perché no! – esclama felice. – Se non possiamo stare sotto un vero cielo stellato... ne possiamo costruire uno finto!

– Come “costruire”? – chiede Drusilla che si è seduta alla scrivania.
– Così! – e Lunetta indica la figura.
Le sue sorelline ci mettono un attimo a capire che la sua è un’idea davvero perfetta.
Senza aspettare un minuto di più, Amarilla e Drusilla corrono in camera, seguite da Timoteo, e tornano in un baleno cariche di fogli, colori, cartoncini, forbici, carte e nastri; e poi pennarelli, matite... insomma, tutto ciò che serve a delle vere artiste.
Le tre piccole principesse fanno un po’ di spazio nel laboratorio, poi si danno subito da fare: Amarilla srotola un bel foglio di cartoncino color argento per ritagliare una luna splendente; Drusilla, che adora fiocchi e nastri, prepara i fili per appendere le stelle; Lunetta prende tanti fogli color oro e inizia a disegnare le stelle da appendere.

Insomma ciascuna di loro si sbizzarrisce e si diverte un mondo; non hanno molto tempo, ma tanta è la voglia di fare un bel regalo alla mamma e una sorpresa al papà che non sa ancora di questa loro "invenzione"!
E, in men che non si dica, il cielo stellato è pronto!

Il cielo nel castello

Le principesse, senza essere viste da nessuno, raggiungono la grande sala del trono. Con loro portano tutto il materiale necessario per realizzare un vero cielo nel castello.

– E adesso come facciamo? Il soffitto è troppo alto per noi... – fa notare Drusilla alle sorelle.

A questo proprio non avevano pensato.

– Prendiamo una scala: possiamo chiederla al giardiniere – propone decisa Amarilla.

– Oh, come si fa, come si fa... vi aiuterò io! In questo castello c'è sempre una tale confusione che non si riesce mai a stare un attimo tranquilli!

Ma chi ha parlato?! Da dove è arrivata questa voce misteriosa?
Eccolo qua! Dopo aver attraversato magicamente la parete appare all'improvviso il fantasma del castello che inizia subito a volteggiare intorno alle principesse.
Loro non hanno paura di lui, perché lo conoscono; sanno che è un po' dispettoso, ma sa fare anche certi giochi strabaluccicantilosi!
Il fantasma si diverte come un matto a svolazzare di qua e di là: appende, sposta e dondola le stelle, spettina Drusilla, dà un bacio a Lunetta, tira la coda al povero Timoteo...
– E poi siamo noi che facciamo confusione!!! – ridono le bambine, cercando di afferrarlo.

All'improvviso, Amarilla, ricordandosi di quanto accaduto due notti prima nel laboratorio, per sicurezza va alla porta a controllare che non arrivi nessuno.

– Il fiore!!! – esclama Lunetta guardando la sorella. – Amarilla, per caso lo hai preso tu?

– Io no, doveva prenderlo Drusilla.

– Ma eravamo d'accordo che ce lo saremmo ricordare tutte e tre – risponde lei, un po' offesa.

– Se volete, vado io a prenderlo… – propone il fantasma.

Ma le principesse non la trovano una buona idea: sanno che combinerebbe di certo qualche guaio!

Questo inconveniente crea una grande agitazione, tanto che Amarilla lascia incustodita la porta e qualcuno entra nel salone.

– Niente paura, ecco il vaso. La tata mi ha detto dove lo avevate nascosto!

È il re! Arriva trafelato e rimane a bocca aperta osservando il fantastico cielo creato dalle sue tre bambine... e non solo!

– Ragazze, è bellissimo! Sentite, vi affido un ultimo compito: tra poco la mamma entrerà qui con alcune ospiti venute a festeggiarla. Devo ancora mettere a posto tante cose: i musicisti, gli altri invitati, le candele... Dovete assolutamente trovare un modo per trattenerla! Mi raccomando, conto su di voi!

– Come facciamo a sapere quando possiamo venire? – gli domanda Drusilla.

Già, ci vuole qualcosa o qualcuno che le avvisi. Timoteo, miagolando, si offre volontario: sarà lui il segnale che la festa può iniziare!
Drusilla, Lunetta e Amarilla corrono a cambiarsi i vestiti, che si sono tutti stropicciati durante la faticosissima "costruzione" del cielo.
Poi, tutte eleganti, volano negli appartamenti della regina. Salutano le ospiti con un inchino e ridendo propongono: – Perché non giochiamo a moscacieca?

Allora Amarilla, scherzando, benda la mamma, Lunetta distribuisce a ogni dama un nastro colorato e Drusilla, con tanti baci e sorrisi, vince le resistenze della regina.

Fuori continua a piovere forte, ma le piccole principesse non ci badano più. La regina e le sue amiche si stanno divertendo moltissimo: se sapessero che il gioco è solo una scusa per tenerle impegnate…

Nel frattempo, nel salone del trono, i preparativi procedono di gran carriera. Pian pianino, tutti gli altri invitati si radunano, portando regali e doni di ogni tipo.

La servitù termina di apparecchiare i tavoli con ogni prelibatezza e l'orchestra accorda i suoi strumenti.
Anche il fantasma del castello fa la sua parte: seduto sulla luna d'argento, soffia leggero per far oscillare le stelle. Che atmosfera da favola!
Finalmente tutto è pronto, ora tocca a Timoteo. A un cenno del re, il gatto zampetta veloce e, con un balzo, è già dalle sue padroncine.
– Miaaaaoo!
Ecco il segnale! Le piccole principesse, continuando a giocare, conducono le dame nella sala del trono. Due servitori aprono le porte e...
– Auguri! Tanti auguri! Buon compleanno! – gridano tutti in coro.
Allora la regina si toglie la benda. Che sorpresa... tutte quelle stelle che brillano, la luna e poi quel bellissimo fiore che luccica con i suoi petali d'oro!

La regina è davvero commossa, non potrà mai dimenticare quello spettacolo!
Con un sorriso soddisfatto, le piccole principesse

e il re si guardano felici, mentre tutti ammirano la bellezza della Stella della regina.
Niente poteva rendere questo giorno più speciale!

Il gran ballo d'estate

Notizie meravigliose

Le piccole principesse sono affacciate alla finestra della torre più alta. Per riuscire a vedere meglio, le gemelline Amarilla e Drusilla sono salite su un prezioso sgabello di velluto e si sono appoggiate al davanzale. Invece Lunetta, la più grande delle tre, ha preso una scala e si è messa dietro perché le testoline delle sorelle occupavano tutto lo spazio! Così anche lei può guardare la strada che dal villaggio conduce al castello.
Certo, sai che sgridate se i domestici si accorgono che dal ripostiglio è sparita la scala e la tata le scopre così vicine alla finestra!

Ma non importa: loro sono lì per un motivo preciso.
– Aspettiamo da ore! Uffa! Ma perché non arriva? – domanda Amarilla, più impaziente che mai.
– Da ore?! Sei la solita esagerata... abbiamo finito la merenda poco fa – le risponde Lunetta, che poco sopporta le affermazioni imprecise.

Per fortuna le grida di Drusilla interrompono subito quello che sicuramente si sarebbe trasformato in un litigio. – Laggiù! Quel puntino!
In lontananza, una macchia gialla e marrone avanza rapidamente, circondata da una

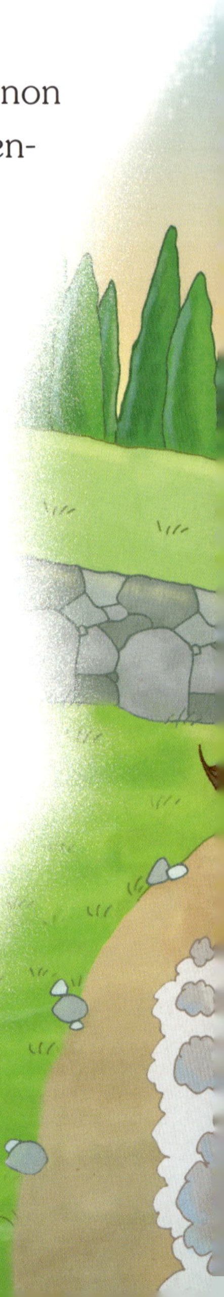

nuvola di polvere... Diventa via via sempre più grande e riconoscibile: eccolo finalmente! Il messo reale che ha l'incarico di portare la posta si avvicina al galoppo verso il ponte levatoio del castello.

Veloci quasi quanto il cavallo del postino, le tre principesse scendono e si precipitano giù per le scale! Di corsa, attraversano corridoi, saloni e camere finché escono dal castello, superano i tre grandi cortili e si ritrovano all'ingresso.

Davanti a loro, appoggiati per terra vicino al postino, ci sono ben due sacchi grandi e pieni di posta!

– A chi li devo consegnare? – chiede il messo.

– Oh, a noi! Sono per noi sicuramente! – gridano in coro le sorelle entusiaste, mentre cercano di trascinarli per andare subito nella loro stanza.

– Ferme lì! Pensate forse che questo sia un comportamento adatto a principessine educate?

In piedi sulle scale, il signor Carota, ciambellano di corte, guarda con aria severa le bambine: lui si occupa della loro educazione… non può certo lasciare che facciano cose simili!

– Sapete bene che spetta a vostro padre guardare per primo la posta.

E, così dicendo, il ciambellano ordina a un servitore di portare i sacchi nella sala del Consiglio. Di fronte a quest'ultima affermazione, Drusilla, Lunetta e Amarilla non possono che arrendersi e, mogie mogie, rientrano nel castello.

– Oggi è tutto un aspettare! Uffi… – protesta Amarilla, aprendo la porta della cameretta.

Aspettare che cosa?

Ma tutti ormai lo sanno: al castello ci sarà un grande ballo! Una meravigliosa festa in maschera organizzata dalle principesse che, per l'occasione, hanno spedito tantissimi inviti. Ecco perché sono così impazienti di leggere la posta.
SPLAF! Appena entrano nella stanza, dall'alto dell'armadio, il gatto Timoteo salta in braccio ad Amarilla. Per fortuna questa volta il re è velocissimo a controllare la posta e così, dopo un po', i due sacchi vengono portati alle principesse. In un attimo tutto il pavimento si riempie di lettere, fogli, bigliettini e buste.

Che curiosità! Chissà chi viene? Chi non può partecipare? Comunque le piccole principesse sono sicure che pochi vorranno perdersi il gran ballo d'estate! E infatti praticamente nessuno ha declinato l'invito, anzi, tutti i loro amici e le loro amiche scrivono che sono felicissimi all'idea di mascherarsi con costumi e abiti di fantasia e non vedono l'ora di arrivare al castello.

– Evviva, viene anche la cugina Malvina! – esclama Drusilla.

Loro due vanno sempre d'accordissimo su tutto... almeno su tutto ciò che è fondamentale: vestiti, braccialetti, scarpette, cappellini e cose simili.

"La cugina Malvina?" pensa con terrore Timoteo. "Oh no... non ci sarà allora anche quella smorfiosa cipria pelosa della sua cagnetta?!?"

L'immagine di quell'essere, ricoperto dalle orecchie alla coda di fiocchetti e

nastrini, gli appare davanti ai baffi. Lui proprio non la sopporta, non ci è andato mai, mai d'accordo (ed è pure ricambiato, almeno così pare...). Rapidissimo, Teo afferra la sua cuccia e la spinge sotto il letto, nascondendosi.
Le principessine conoscono bene il loro micio e sanno perché si comporta così: – Vieni fuori! Che fai lì sotto? – ridono, prendendolo in giro. – Sei emozionato all'idea di rivedere finalmente la cagnetta Picci, eh?
Ma lui non si muove dal suo nascondiglio.

Iniziano i preparativi

Finalmente! Ora sì che viene il bello! Quali costumi indosseranno le principesse? Delle maschere di fantasia o dei costumi veri?
Scegliere non è facile e così decidono di curiosare in ogni angolo del castello: in tutte le stanze e le camere, nelle soffitte, nelle cucine, nei saloni, negli sgabuzzini, nelle cantine… Lo scopo è recuperare stoffe, abiti, cappelli, scarpe e oggetti vari in grande quantità.
A fine giornata non rimane chiuso un solo armadio né cassetto, baule e cesto! Ma niente paura: il re e la regina questa volta hanno dato il permesso

alle principesse di fare tutto ciò che vogliono; anzi, anche loro partecipano con idee e suggerimenti, così come tutti i servitori del castello.

Perché una cosa è certa: le piccole principesse hanno deciso che le maschere per il gran ballo le dovranno creare loro: non le vogliono belle e pronte.

– Altrimenti non c'è gusto! – esclama Amarilla, trovando perfettamente d'accordo le sue sorelle.

La loro tata non sta con le mani in mano: ha messo su un vero e proprio laboratorio di sartoria con la macchina da cucire, il tavolino, lo specchio, i fili e le forbici, il metro e ora taglia e cuce, mentre il ciambellano fa da manichino!

Certo, il signor Carota ha accettato perché glielo ha chiesto la tata, e ora deve stare lì fermo e immobile con le braccia stese, mentre Lunetta e Drusilla misurano i veli colorati che servono per realizzare un abito da regina delle fate.

Drusilla ha deciso di vestirsi così: lo trova romantico, elegante, perfettissimo per lei insomma.
– Mi raccomando, fate attenzione! – esclama il ciambellano preoccupato, quando le sorelline iniziano a tagliare con le forbici.

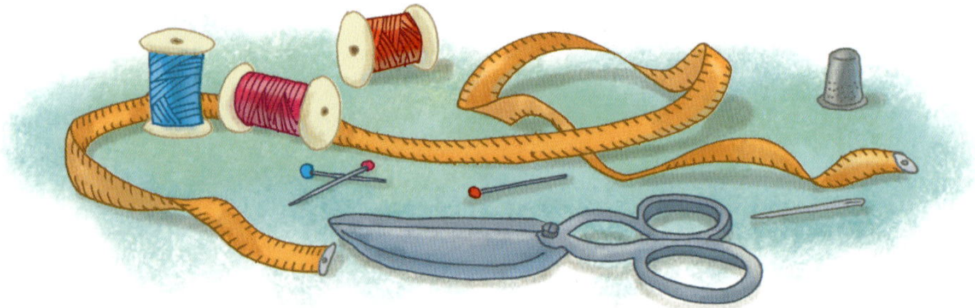

La dolce tata nel frattempo ha iniziato a cucire il costume per Lunetta, che ha scelto un personaggio della storia antica: Cleopatra, regina degli Egizi, famosa anche per la sua bellezza e i capelli neri neri, proprio come i suoi.
Amarilla, invece, ci ha pensato tanto guardando fuori dalla finestra finché ha trovato l'idea giusta: una farfalla! Una leggera e colorata farfalla, dalle ali grandi per volare, almeno un giorno... Sì, non

per volare veramente, che sarebbe molto complicato, ma quasi. In fondo basta correre veloci tenendo le ali aperte!
Il lavoro è lungo e faticoso, però che soddisfazione quando si guardano allo specchio. Appena le piccole principesse sono pronte, si precipitano dal re e dalla regina per farsi ammirare.
– Ma siete davvero bellissime, meravigliose! – esclama la mamma. – Oh caro, non trovi che siano incantevoli?
Ma dov'è finito il re?
Eccolo sbucare all'improvviso dietro il trono, con un piccolo saltello e un grande: – BUUU!
A lui piace sempre scherzare, così si è messo un buffo cappello sopra la corona e sul naso dei finti occhialoni che la regina gli ha fatto usando dei fogli colorati.
Che genitori strabaluccicantilosi! Ora a Lunetta, Drusilla e Amarilla non resta

che una sola cosa da fare: controllare che tutto sia pronto per accogliere i numerosissimi invitati.

Non manca molto al loro arrivo e devono sbrigarsi.
Monsieur Brisé, il cuoco di corte, è all'opera ormai dall'alba insieme ai suoi aiutanti: come sempre, il menù è impeccabile e il servizio di piatti delizioso. È sicuro che il risultato sarà splendido anche questa volta!
Fuori, sotto gli alberi, servitori e camerieri predispongono tavolini, seggioline e divanetti; alcuni di loro sono sulle scale, intenti ad appendere festoni e lampioncini per riempire il giardino di colori meravigliosi come quelli delle fiabe.
Il re ha dato ordine poi che si montasse un piccolo teatrino per uno spettacolo di burattini, un'idea molto carina e divertente.
Drusilla continua a volteggiare e a provare passi di danza: – Non vedo l'ora che inizi la festa! – e OPLÀ! fa un'altra piroetta adatta a una fata dei boschi.

– Siete sicure di aver invitato anche la marchesina Casilde?

– Sì, Drusilla, ho ricontrollato l'elenco – risponde Lunetta, aggiustandosi la sua lunga tunica da regina egiziana, mentre Amarilla, senza ascoltarle, corre veloce sul prato e sembra volare...

Arrivano gli ospiti!

Annunciata da un lunghissima fila di carrozze cariche di bagagli, arriva per prima al castello la cugina Malvina.

– Drusilla, Lunetta, Amarilla! – grida piena di entusiasmo appena scesa, baciandole sulle guance. – Siete IN-CAN-TEEE-VOLI!!! – e mostra a sua volta il suo meraviglioso abito.

– Ma da che cosa ti sei vestita? – chiede Amarilla, non notando molta differenza rispetto ai vestiti che la cugina porta di solito... be', fatta eccezione per la bianca parrucca!

– Io?! – risponde Malvina, scocciata. – Ma da

Maria Antonietta, la più famosa e bella regina di Francia, che cosa credevi?!
– Oh, non darle retta... – interviene subito Drusilla – lo sai che Amarilla certe cose non le può capire!
E, lanciando un'occhiataccia alla sorella, si allontana verso il salone sotto braccio alla cugina, parlando del colore dei loro costumi.
Amarilla, per niente impressionata da tutte queste scene, rimane con Lunetta e insieme aspettano che vengano spostate le carrozze di Malvina: sono così tante che intralciano l'arrivo degli altri ospiti!
Cavalcando al trotto, giungono puntualissimi i tre principini del regno di Giglio d'Oro.

Le tre sorelline li hanno conosciuti in occasione di un importante torneo e da allora sono rimasti buoni amici.

– Benvenuti al castello! – li accoglie Lunetta.
– Oh, grazie a voi dell'invito… Non potevamo certo mancare! – risponde il più grande, vestito da pirata, mentre scende da cavallo.
– Siete strabaluccicantilosi! – è il commento di Amarilla, che trova i costumi da leone e da giullare degli altri due proprio niente male. Almeno non sono pieni di trine e merletti e lei, con le sue grandi ali da farfalla, non si sente più da sola.
Da quel momento, è un continuo arrivare di calessi, carrozze, cavalli scalpitanti… e soprattutto un susseguirsi di sorprese perché i loro amici e le loro amiche hanno dato davvero spazio alla fantasia. Così, arrivano comandanti di flotte imperiali, gnomi e folletti, apine, scoiattoline e domatori del circo, dame e marchese, terribili streghe e

maghi con il cappello a punta, soldati dalla divisa luccicante, ma anche Napoleone, una fragola, una mela e persino due fratelli vestiti da orologi!

Drusilla, dopo aver lasciato Malvina in buona compagnia, aiuta Amarilla a far accomodare gli ospiti, mentre Lunetta corre ad assicurarsi che tutto sia a posto: lo spazio per ballare, i festoni, le bibite e le tavole con la merenda... Insomma, le piccole principesse stanno davvero dando il meglio di loro stesse e già si accorgono che gli invitati si stanno divertendo.

– Venite, ci spostiamo in giardino! – annuncia Lunetta. – Con Drusilla e Amarilla abbiamo pensato che fosse più bello stare all'aperto.

– E poi vedrete, ci attendono bellissime sorprese – aggiunge Amarilla, incamminandosi e prendendo per mano Malvina; un po' per farsi perdonare, un po'

per timore che possa inciampare nel suo enorme vestito!
La giornata è bellissima, calda e piena di sole. Allegramente, con grande confusione, il ricco e vivace corteo di maschere si avvia fuori dalle sale del castello.
Il signor Carota li accompagna: le sorelline hanno insistito tanto perché anche lui scegliesse un vestito con il quale trasformarsi... ma il ciambellano, un po' perché è tanto serio e un po' perché in fondo è timido, ha risposto: – Assolutissimamente no, principesse. Il mio ruolo non me lo permette!
Questa volta non è riuscita a convincerlo neppure la tata. Il signor Carota è stato irremovibile, perfino davanti alla sua proposta di avere, in cambio, una torta di mele tutta per lui. E dire che è il suo dolce preferito, se fatto dalla tata poi...

Dal grande terrazzo il re e la regina salutano calorosamente le bambine e i loro amici: si godranno la festa da lì.
E la tata dov'è?
Ha promesso che sarà sempre presente, ma è così ben camuffata che non riusciranno a scoprirla… Eh, eh! Che sia quella strana figura a forma di cactus che saltella lungo il vialetto?
Drusilla e Amarilla la guardano zompettare e ridono divertite: la loro tata è proprio strabaluccicantilosamente spassosa!
Ma non è l'unica ad essere irriconoscibile: tanti bambini giocano con gli amici e intanto cercano di scoprire chi si nasconde sotto una buffa maschera, un enorme cappello o dentro un costume esotico.
Risate e scherzi accompagnano la prima parte della festa, che si anima sempre di più.

E come Monsieur Brisé aveva previsto, in breve spariscono tutte le sue torte, i suoi panini, i dolcetti e le caramelle! Un successo!

Il gran ballo

Inizia la musica. Lunetta sa quanto Drusilla ci tenga ed è molto contenta che sia lei ad avere l'onore di aprire le danze, invitata da uno dei principini. Certo, Drusilla così elegante che balla con un leone! Sono un po' buffi da vedere, ma ricevono tanti applausi perché entrambi bravissimi. Poi, via via, si formano le coppie e tutti si muovono a ritmo della musica: valzer, mazurka, rock scatenato, la quadriglia con i suoi passi intrecciati... Il gran ballo prosegue meraviglioso e allegro. Nel frattempo, però, che fine ha fatto Timoteo? Nascondersi nella cuccia sotto il letto non gli è

servito a nulla! Picci, la cagnetta di Malvina, lo ha cercato davvero dappertutto e alla fine lo ha scovato!

Da quel momento non gli ha più dato tregua: tira la coda, mordicchia le orecchie, strofina e abbaia, prova a mettergli dei fiocchetti... insomma un vero tormento! Teo scappa in giardino, sperando di far perdere le sue tracce nella confusione degli invitati, ma Picci lo insegue: che se ne sia innamorata?

Nella foga, iniziano a rincorrersi tra le gambe del ciambellano che, ascoltando la musica, cammina tranquillamente. All'improvviso gli fanno perdere l'equilibrio e SPLAF! il signor Carota capitombola nella fontana con le gambe all'aria!

Che disastro... ma il peggio deve ancora arrivare!
Infatti la cagnetta, spaventata o temendo di ricevere chissà che sgridata (non certo dalla sua padroncina che le perdona qualsiasi cosa...), va a cercare Malvina.
"Maria Antonietta regina di Francia" è seduta con un gruppo di amiche e insieme chiacchierano da ore senza tregua, elogiando le piccole principesse che hanno così ben organizzato la festa, discutendo dell'ultima borsetta vista, commentando i costumi...
Insomma, non si era ancora accorta dell'assenza di Picci. Ma ora, vedendola arrivare di corsa con il pelo spettinato, urla con foga: – Amarilla, ferma subito quel gattaccio maleducato! Guarda come ha ridotto la mia Picci!!!
Poi si alza di scatto e va ad abbracciare la cagnolina mentre la parrucca bianca le oscilla come un budino!

– Teo è innocente, lo conosco bene! – lo difende Amarilla, sapendo che sempre innocente il suo micio non è! A volte combina certi pasticci...
Comunque non fa in tempo a finire quanto voleva dire che si sente un grido così acuto da superare addirittura la musica. Drusilla e Lunetta accorrono insieme a tutti gli altri.
– Il pettinino di Picci!!! Non c'è più! Dove... dov'è finito? Che fine ha fatto?!

Dramma, disperazione, lacrime e singhiozzi: la cugina Malvina pare non possa più vivere se la sua cagnetta non indossa quel pettinino!
Che gran subbuglio tra gli invitati!

Nessuno si tira indietro e tutti iniziano a cercare dentro e fuori il castello, sopra e sotto vasi e

tavolini, tra i cespugli, in mezzo alle stoffe, tra le gonne ingombrati delle damine...

Insomma inizia una vera e propria caccia al tesoro!

E perché no? In effetti le piccole principesse non ci avevano pensato. Lunetta, da ottima padrona di casa o meglio… di castello qual è, decide che, vista la situazione, tanto vale approfittarne.

Chiama le sorelle e insieme scelgono un premio da dare a chi troverà il prezioso pettinino.

Amarilla, poi, organizza le squadre: gli ospiti sono eccitatissimi per la divertente novità, mentre

Malvina, tutta agitata, non riesce a stare un minuto zitta.
Drusilla in realtà un pochino è dispiaciuta: lei vorrebbe ballare ancora, le piace tanto, si è anche esercitata con la tata... Ma il suo cavaliere vestito da leone la rassicura che appena finisce la caccia al tesoro, danzeranno una polka!
"Meno male" pensa lei "che il mio cavaliere è così gentile ed educato. Un vero principe azzurro!".
Quindi, insieme a un fungo, a una principessa indiana e ad un girasole inizia la ricerca. Loro sono la squadra rosa. Poi ci sono la squadra verde, la blu, la viola, la gialla, la rossa, la bianca e tante altre ancora, tutte con quattro bambini.
– Pronti? Via!
Il ciambellano, che nel frattempo si è cambiato d'abito dalla parrucca alle scarpe, fa da arbitro e controlla che il

gioco proceda secondo le regole. Lui sì che è serio, non come la tata-cactus che cerca di aiutare tutti con suggerimenti e indicazioni, pur non avendo la più pallida idea di dove possa essere finito il “tesoro”.

Ma forse, qualcuno sa dove si trova il pettinino, qualcuno che, finalmente tranquillo, si gode lo spettacolo disteso comodamente su un cuscino vicino al palco dei musicisti. Quel furbetto di Timoteo ha deciso di vendicarsi e assicurarsi almeno per un po’ la quiete.

“Vediamo se quella smorfiosa cipria pelosa mi infastidisce ancora” pensa sorridendo sotto i baffi.

Ma Lunetta, mentre discute con il principino-pirata su quale parte del giardino esplorare, si accorge che il gatto nasconde qualcosa.

Proprio in quel momento si alza un grido pieno di gioia: – Lo abbiamo trovato!!! – gridano in coro i membri della squadra rossa,

formata da un bruco, una strega, un cavaliere con l'armatura e una ballerina. – Sappiamo dov'è finito il pettinino. Presto, venite...

Malvina abbraccia Picci e, per la contentezza, le mette un altro fiocchetto sulla coda.

Mentre gli ospiti accorrono sul luogo indicato dalla squadra rossa, le piccole principesse parlottano preoccupate tra di loro.

– È stato Timoteo, di sicuro! – bisbiglia Lunetta. – Poco fa aveva un'espressione così furbetta!

– Sì, ma non lo ha fatto apposta – dice subito Drusilla.

– No, certo, non lo credo neanch'io... però non ci ha nemmeno fatto capire che lo sapeva.

– Ma chissà cosa gli ha fatto Picci... – dice Amarilla. – E poi, in fondo, così ci siamo divertiti tantissimo.

– Esclusa Malvina, ovvio! – commenta Drusilla.
Teo capisce di essere stato scoperto. "Io sono innocente, non è colpa mia se nella foga della corsa, quando il ciambellano è caduto, la cagnetta smorfiosa ha perso quello scomodo e inutile aggeggino che teneva in testa!" pensa guardando le sue padroncine.
Ora si tratta di recuperare il pettinino. Bisogna inventarsi un sistema e Amarilla, per le trovate geniali e strampalate, è una vera maestra!

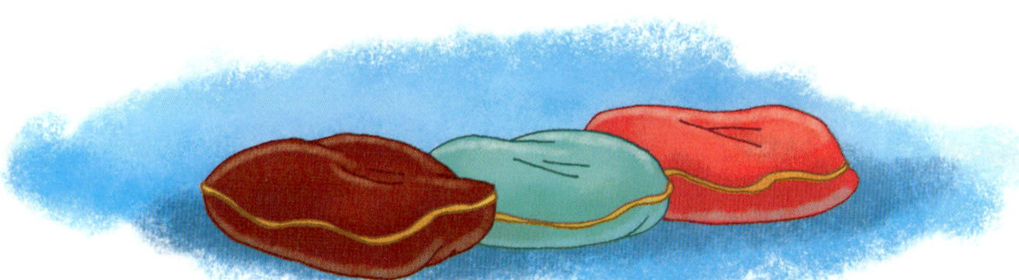

Premi e regali

Tutti gli ospiti fanno cerchio intorno ad Amarilla che, aiutata da uno dei principini di Giglio d'Oro, tiene Timoteo sospeso in aria, appeso a una specie di canna da pesca.

Come quasi tutti i gatti, anche Teo non impazzisce per l'acqua. "Non crederete che io sia un fifone!" pensa lui, guardandosi intorno con un'aria da duro. "È che è un po' troppo liquida per i miei gusti... ecco!".

Ma, mentre la canna da pesca scivola sempre più giù nella fontana dove era caduto il ciambellano, lui tira sempre più su le zampe e fa mille smorfie.

“Guarda tu che cosa mi tocca fare! E questo per il dovere dell’ospitalità... Io che cosa c’entro se loro hanno voluto invitare al gran ballo anche la cugina Malvina. Se non le dicevano niente, lei non lo avrebbe mai saputo, forse...”, è la semplice e chiara riflessione del gatto che, con la zampa, riesce intanto a recuperare il “tesoro”.
Ora è tutto un applausi ed “Evviva evviva!” urlati dagli invitati, con tanti complimenti alla squadra vincitrice e al micio coraggioso.
E Picci, oh che sbaciucchiamenti sul muso del suo eroe!
Mentre Malvina, alla fine di nuovo sorridente, ringrazia le cugine.
Le piccole principesse ora possono premiare gli amici con una superscorta di biscotti sopraffini di Monsieur Brisé!

Ma i membri della squadra rossa non sono gli unici a ricevere dei premi. Infatti, le principesse hanno organizzato altri giochi.

– Facciamo la gara di ballo! – invita Drusilla.

– Sì sì, iniziamo con il…, come si chiama? Minuetto! – propone una delle invitate vestita da damina del Settecento.

– Che cos'è? – domanda un altro.

– Mah… proviamo – rispondono alcuni un po' perplessi. – Speriamo solo che sia facile.

– Ma prima ho promesso una polka – così dicendo, il principino di Giglio d'Oro invita Drusilla che fa un inchino per ringraziare della gentilezza.

Tutti si avviano verso il centro del prato, mentre i musicisti riprendono a suonare.

Lunetta gira tra le coppie assegnando un numero: inizia la gara di ballo. Chi riuscirà a fare quattro balli consecutivi senza mai sbagliare un passo riceverà una medaglia d'oro. Sembra facile... qualcuno è un po' imbranato, qualcun altro copia i suoi vicini e sbaglia, altri hanno un vestito così grande e ingombrante che si scontrano tra loro fra matte risate!

Il tempo passa e le coppie diminuiscono sotto l'occhio vigile del signor Carota, ancora una volta arbitro perfetto. Anche le piccole principesse sono state eliminate. Comunque Amarilla non avrebbe mai vinto: ha pestato i piedi al principe-giullare per ben sei volte!!! E lui, poverino, alla fine ha deciso che era meglio ritirarsi.

Finalmente viene proclamata la coppia migliore: è quella formata da un'ape e una mela.
Mentre tutti festeggiano i vincitori, la cagnolina Picci corre da Teo. "Ora è il nostro turno di ballare, micione!" pensa e inizia a saltellare qua e là.
Ma Timoteo, dopo l'avventura in acqua, è sfinito.
Così decide un'azione coraggiosa: con un balzo salta in braccio a Malvina.
Lei, dopo aver temuto che si sgualcisse la sua splendidissima gonna, si decide a fargli delle carezze e a mala pena si trattiene dall'infiocchettarlo…
Ma non si trattiene affatto quando Amarilla annuncia la sfilata!

La giuria composta dal re, dalla regina e dalla tata deve scegliere quale maschera del gran ballo è la più bella: difficilissimo, perché sono una più carina, sfiziosa, meravigliosa e originale dell'altra. Così, per non deludere nessuno, i sovrani decidono di fare a sorteggio: i bigliettini con i tutti nomi vengono messi in una scatola e un bambino-drago mescola con gli occhi bendati.

Poi estrae un biglietto: la coppa d'oro è assegnata… a Napoleone o, per la precisione, al marchesino di Belverde! Evviva!
Ormai per gli invitati si è fatta l'ora di andare. Scende la sera e i calessi, le carrozze, i cavalli

scalpitanti tornano pian piano all'ingresso del castello. La promessa è quella di ritrovarsi presto, per un'altra bellissima festa.

I principini di Giglio d'Oro, che si sono tolti le maschere, salutano agitando le mani:

– Arrivederci! Ci siamo divertiti proprio tanto, grazie! È stato il ballo in maschera più bello al quale abbiamo mai partecipato! Arrivederci!!!

La cugina Malvina, tolta la parrucca e con in braccio la sua cagnetta, si commuove: – Grazie mie ADO-RAAA-TISSSI-ME cugine, siete dei tesori! La mia Picci si è trovata benissimo; certo c'è stato quel piccolo spavento, ma tutto si è risolto.

E baci, bacetti, ribaci sulle guance mentre, aiutata da una damigella, sale in carrozza. In quel momento Timoteo fa un profondo sospiro di sollievo.

Allora Lunetta, Drusilla e Amarilla si voltano verso di lui, e scoppiano a ridere: anche loro sono sollevate, lo devono riconoscere. Così, fra mille

saluti, gli ospiti si allontanano dal castello. Le piccole principesse ringraziano, stanche ma contente, e già pronte per nuove avventure.

Allora, ti sono piaciute
le nostre avventure?
La vita al castello non è sempre
come quella delle fiabe... Spesso
è molto più divertente!!!

La mia famiglia è... un albero!

Lunetta, Drusilla e Amarilla si divertono a scoprire i nomi dei loro antenati nella galleria dei ritratti. Nella loro famiglia ci sono dei personaggi davvero strani… Chissà come sarebbe buffo il loro albero genealogico!

Sapete cos'è un albero genealogico?
È uno schema che mostra la storia di una famiglia e si chiama così perché assomiglia proprio a un albero con tanti rami!

Prova a costruire il tuo!
Nelle due pagine che seguono, scrivi il tuo nome e quello della tua mamma e del tuo papà e poi, con l'aiuto di genitori e nonni, completa lo schema con gli altri nomi.

Ecco fatto!
A questo punto, se a casa hai dei vecchi album fotografici di famiglia, puoi divertirti a fare la tua galleria dei ritratti e disegnarli dentro le cornici vuote.
Bastano matite, colori e fantasia!

IL MIO ALBERO GENEALOGICO

Bisnonno paterno

....

....

Bisnonna paterna

....

....

Bisnonno materno

....

....

Bisnonna materna

....

....

Nonno materno

....

....

Nonna materna

....

....

Mia madre

....

....

Che principessa sei?

Sei più vivace, vanitosa o sognatrice? Ti piacciono più gli sport, i vestiti o i libri? Se fossi una principessa, assomiglieresti più ad Amarilla, a Drusilla o a Lunetta?

1. Dopo aver fatto i compiti, ti piace:

☐ A. leggere un bel libro
☒ B. giocare alle "sfilate di moda"
☐ C. andare al parco a correre

2. La tua merenda preferita è...

☐ A. una macedonia con il gelato
☐ B. un panino con il salame
☒ C. una tazza di latte con i biscotti

3. Devi prepararti per uscire: che cosa ti metti?

☒ A. jeans e felpa, comoda per giocare!
☐ B. gonna a pieghe e una bella camicetta
☐ C. quel vestitino nuovo che si intona perfettamente con il colore dei tuoi occhi, con le scarpe e i fermagli per i capelli abbinati! Che abbinamento fantastico!

4. La tua materia preferita è...

- [ ] A. scienze motorie e sportive
- [ ] B. storia
- [x] C. arte e immagine

5. La tua fiaba preferita è...

- [x] A. Cenerentola
- [ ] B. Pinocchio
- [ ] C. Il gatto con gli stivali

6. Un regalo che vorresti tanto ricevere:

- [ ] A. una borsetta piena di brillantini
- [x] B. un monopattino superveloce
- [ ] C. tempere, pennelli e acquarelli!

7. La mamma ti dice:

- [x] A. “Non stancarti troppo su quei libri!”
- [ ] B. “Non correre così forte!”
- [ ] C. “Smettila di guardarti allo specchio!”

8. Nella tua cameretta vorresti...

☒ A. un tappeto elastico
☐ B. una libreria enormissima
☐ C. un armadio tutto rosa e pieno di specchi

9. Il tuo animale preferito:

☐ A. il pavone
☒ B. il canguro
☐ C. il delfino

10. Il tuo colore preferito è...

☐ A. blu
☒ B. rosa
☐ C. arancione

Verifica ora il tuo punteggio e scopri che principessa sei!

	1	2	3	4	5	6	7	8	9	10
A	★	♥	✿	✿	♥	♥	★	✿	♥	★
B	♥	✿	★	♥	★	✿	✿	★	✿	♥
C	✿	★	♥	★	✿	★	♥	♥	★	✿

Hai più STELLE? Sei... Lunetta!

Sei dolce e gentile e, anche se sei una grande sognatrice, sai essere prudente. Sai bene che, anche se è bello sognare a occhi aperti, è sempre meglio restare con i piedi per terra. Molto più saggio volare con la fantasia... grazie ai libri!

Hai più CUORI? Sei... Drusilla!

Per te la vita è come una grande torta rosa coperta di panna e fragoline! Tieni molto al tuo aspetto e ti piacciono le cose belle, ma sei generosa e sei felice di condividerle con gli altri! E per questo sei bella fuori... e dentro!

Hai più FIORI? Sei... Amarilla!

La tua parola preferita è "avventura"! Sei curiosa, piena di energie, vivace e non ti spaventa niente... o quasi! Ti piace giocare e passare il tuo tempo in compagnia perché "più siamo, più ci divertiamo"! Non è così?!

Indice